Félicitations !

Vous entrez dans la fabuleuse aventure de la grossesse… pour 9 mois qui seront, j'en suis sûre, remplis de bonheur, de joies mais aussi de doutes et de questions ! Cette période sera en effet un mélange d'intenses émotions et de questionnements, d'attente fébrile et de changements, pour vous mais aussi, votre couple et votre famille…

Se préparer à bien vivre sa grossesse, voilà ce qui doit vous préoccuper à partir de ce jour.

Et pour vivre cette attente aussi sereinement que possible, cet agenda sera votre allié, de la conception à l'accouchement, semaine après semaine. Il vous permettra de tout noter et ne rien oublier, de mieux comprendre ce qui se passe en vous et comment grandit votre bébé… Trucs, astuces, infos nutrition, grands rendez-vous, dossiers spéciaux sur les sujets essentiels, questions à poser à votre médecin : un complice indispensable pour une grossesse 100% sereine !

Sandrine Dury

Adresses et numéros utiles

Renseignements personnels

Nom : ....

Prénom : ....

Adresse : ....

Tél. domicile : .... Tél. portable : ....

Groupe sanguin : ....

Date de mes dernières règles : ....

Date prévue de mon accouchement : ....

Nom de mon médecin : ....

Adresse : ....

Tél. : ....

Laboratoire : ....

Tél. : ....

Maternité : ....

Tél. : ....

Nom de l'échographe : ....

Adresse : ....

Tél. : ....

Numéro de Sécurité sociale : ……

Tél. : ……

Numéro d'allocataire CAF : ……

Tél. : ……

Numéros de téléphone utiles

Gynécologue obstétricien : ……

Clinique / Hôpital : ……

Conjoint : ……

Domicile : …… Portable : ……

Parents : ……

Domicile : …… Portable : ……

Beaux-parents : ……

Domicile : …… Portable : ……

Voisin(e) : ……

Domicile : …… Portable : ……

Travail : ……

Amis / Proches : ……

……

……

Les moments forts de ma grossesse !

Une grossesse dure généralement 39 semaines. Votre médecin vous parlera de votre grossesse en **semaines d'aménorrhée** (arrêt des règles), c'est-à-dire qu'il calcule le terme de votre grossesse à partir du 1er jour des dernières règles. À cette date, il ajoute 2 semaines (date présumée de la fécondation) : 10 semaines de grossesse = 12 semaines d'aménorrhée (SA).

La date prévue de l'accouchement

Votre gynécologue vous l'indiquera dès la première consultation. Pour bénéficier d'une protection sociale et de la prise en charge de vos soins médicaux, vous devez, au cours du premier trimestre de votre grossesse, accomplir un certain nombre d'examens et de formalités.

Le premier examen prénatal obligatoire

Il est à réaliser à partir de la 8e semaine d'aménorrhée (soit 6e semaine de grossesse). Il permet de faire un bilan de votre état de santé général. À l'issue de cet examen, votre médecin vous remettra le document de « Déclaration de grossesse » et vous expliquera les formalités à remplir. Important ! La déclaration de grossesse doit être faite impérativement dans les 14 premières semaines. Ce 1er examen sera suivi de 6 autres visites médicales auxquelles vous devrez vous rendre obligatoirement chaque mois, à partir du 4e mois de grossesse.

La première échographie

Elle a lieu entre la 12e et la 14e semaine d'aménorrhée.

La deuxième échographie

L'échographie morphologique, à faire entre la 22e et la 24e semaine d'aménorrhée, permet de vérifier la croissance de votre bébé et de déceler d'éventuelles anomalies.

La troisième échographie

Elle intervient entre la 32e et la 34e semaine d'aménorrhée.

La consultation avec l'anesthésiste

Elle a lieu au cours du dernier trimestre de la grossesse, généralement durant le 8e mois.

Congé maternité

À la fin de la 32e semaine pour un premier ou deuxième enfant. La durée du congé maternité est de 16 semaines : généralement, 6 semaines avant la date d'accouchement prévue et 10 semaines après. Vous avez maintenant la possibilité de moduler ces semaines « avant et après », c'est-à-dire de reporter des semaines de congé prénatal sur le congé postnatal. Pour un troisième enfant ou plus, votre congé est de 26 semaines (8 semaines de congé prénatal et 18 de congé postnatal). En cas de grossesse multiple, la durée du congé maternité passe à 34 semaines (pour des jumeaux) et à 46 semaines (pour des triplés ou plus).

Pensez à vous inscrire assez tôt dans une maternité, surtout si vous habitez dans une grande ville (voir dossier **Comment choisir sa maternité**).
Sachez que la **Carte familiale de priorité** est maintenant délivrée, uniquement sur demande, par la CAF et valable pendant toute votre grossesse (droit de priorité aux places assises dans les transports publics et certains accueils des administrations).

Calculer sa date d'accouchement

➡ date du 1er jour des dernières règles
➡ date présumée d'accouchement

janvier	octobre	février	novembre	mars	décembre	avril	janvier	mai	février	juin	mars
1	15	1	15	1	13	1	13	1	12	1	15
2	16	2	16	2	14	2	14	2	13	2	16
3	17	3	17	3	15	3	15	3	14	3	17
4	18	4	18	4	16	4	16	4	15	4	18
5	19	5	19	5	17	5	17	5	16	5	19
6	20	6	20	6	18	6	18	6	17	6	20
7	21	7	21	7	19	7	19	7	18	7	21
8	22	8	22	8	20	8	20	8	19	8	22
9	23	9	23	9	21	9	21	9	20	9	23
10	24	10	24	10	22	10	22	10	21	10	24
11	25	11	25	11	23	11	23	11	22	11	25
12	26	12	26	12	24	12	24	12	23	12	26
13	27	13	27	13	25	13	25	13	24	13	27
14	28	14	28	14	26	14	26	14	25	14	28
15	29	15	29	15	27	15	27	15	26	15	29
16	30	16	30	16	28	16	28	16	27	16	30
17	31	17	1 décembre	17	29	17	29	17	28/29	17	31
18	1 novembre	18	2	18	30	18	30	18	1 mars	18	1 avril
19	2	19	3	19	31	19	31	19	2	19	2
20	3	20	4	20	1 janvier	20	1 février	20	3	20	3
21	4	21	5	21	2	21	2	21	4	21	4
22	5	22	6	22	3	22	3	22	5	22	5
23	6	23	7	23	4	23	4	23	6	23	6
24	7	24	8	24	5	24	5	24	7	24	7
25	8	25	9	25	6	25	6	25	8	25	8
26	9	26	10	26	7	26	7	26	9	26	9
27	10	27	11	27	8	27	8	27	10	27	10
28	11	28/29	12	28	9	28	9	28	11	28	11
29	12			29	10	29	10	29	12	29	12
30	13			30	11	30	11	30	13	30	13
31	14			31	12			31	14		

Ce tableau vous permettra de calculer la date présumée de votre accouchement.

Par exemple : si le 1er jour de vos dernières règles était le 20 juillet vous accoucherez le 3 mai. Sachez que cette date est une prévision et que vous pouvez accoucher avant ou après ; seul votre médecin pourra vous confirmer médicalement la date de votre accouchement.

juillet	avril	août	mai	septembre	juin	octobre	juillet	novembre	août	décembre	septembre
1	14	1	15	1	15	1	15	1	15	1	14
2	15	2	16	2	16	2	16	2	16	2	15
3	16	3	17	3	17	3	17	3	17	3	16
4	17	4	18	4	18	4	18	4	18	4	17
5	18	5	19	5	19	5	19	5	19	5	18
6	19	6	20	6	20	6	20	6	20	6	19
7	20	7	21	7	21	7	21	7	21	7	20
8	21	8	22	8	22	8	22	8	22	8	21
9	22	9	23	9	23	9	23	9	23	9	22
10	23	10	24	10	24	10	24	10	24	10	23
11	24	11	25	11	25	11	25	11	25	11	24
12	25	12	26	12	26	12	26	12	26	12	25
13	26	13	27	13	27	13	27	13	27	13	26
14	27	14	28	14	28	14	28	14	28	14	27
15	28	15	29	15	29	15	29	15	29	15	28
16	29	16	30	16	30	16	30	16	30	16	29
17	30	17	31	17	1 juillet	17	31	17	31	17	30
18	1 mai	18	1 juin	18	2	18	1 août	18	1 septembre	18	1 octobre
19	2	19	2	19	3	19	2	19	2	19	2
20	3	20	3	20	4	20	3	20	3	20	3
21	4	21	4	21	5	21	4	21	4	21	4
22	5	22	5	22	6	22	5	22	5	22	5
23	6	23	6	23	7	23	6	23	6	23	6
24	7	24	7	24	8	24	7	24	7	24	7
25	8	25	8	25	9	25	8	25	8	25	8
26	9	26	9	26	10	26	9	26	9	26	9
27	10	27	10	27	11	27	10	27	10	27	10
28	11	28	11	28	12	28	11	28	11	28	11
29	12	29	12	29	13	29	12	29	12	29	12
30	13	30	13	30	14	30	13	30	13	30	13
31	14	31	14			31	14			31	14

Le 1er mois

Mes questions/mes impressions/mes humeurs

....

....

....

....

....

....

....

....

....

....

Info grossesse Prévenir la fausse couche. La meilleure prévention contre les risques de fausse couche est le repos. Les signes qui peuvent vous alerter : des pertes vaginales plus abondantes, la survenue de perte de sang rouge, des douleurs pelviennes telles de très fortes douleurs de règles. De même, n'hésitez-pas à consulter si vous ressentez des signes urinaires comme des brûlures à la miction ou une envie très fréquente d'uriner.

Nutrition Contre les aigreurs d'estomac et remontées acides : buvez un verre de lait, prenez un petit-suisse ou mangez un peu de pain. Évitez les boissons gazeuses et ne vous allongez pas tout de suite après les repas. Pensez à surélever votre tête et vos épaules avec un gros oreiller pour dormir.

le truc en plus !

Sachez que la qualité de votre sommeil dépend de la qualité de vos journées. **Avoir un minimum d'activité physique**, comme une simple marche pour vous oxygéner, vous fera le plus grand bien ! **Buvez aussi beaucoup d'eau durant la journée**, mais réduisez la quantité de liquide en soirée et juste avant de vous coucher pour ne pas avoir à vous relever la nuit, car votre utérus grossit et appuie chaque jour un peu plus sur votre vessie…

Notes

Le 2e mois

2e mois

Le 2e mois

Vous

Vous passerez votre premier examen prénatal obligatoire. Il faut vous inscrire dans la maternité de votre choix. Vous enverrez votre déclaration de grossesse pour recevoir votre « Carnet de santé maternité ».

Bébé

À la fin du mois, son cœur est terminé et bat deux fois plus vite que le vôtre !
Bébé pèse environ 10 g !

DOSSIER

Le premier examen prénatal obligatoire

À réaliser à partir de la 6e semaine de grossesse (soit 8e semaine d'aménorrhée). Il permet de faire un bilan de votre état de santé général.

Ce premier examen doit donc être fait avant la fin de la 14e semaine de grossesse !

> **Pensez à bien respecter les délais** tout au long du suivi de votre grossesse pour ne pas perdre une partie de vos droits.

La date de vos dernières règles détermine la date du début de grossesse et celle présumée de l'accouchement.

> Votre médecin vous pose des questions sur les maladies héréditaires familiales, sur vos habitudes alimentaires et votre travail (horaires, transport...).
> Il effectue un examen général et gynécologique.
> Vous devrez faire une prise de sang pour vérifier votre groupe sanguin et savoir si vous êtes immunisée contre la toxoplasmose, la rubéole ou que vous n'êtes pas porteuse du sida.
> Votre médecin vous remet votre **déclaration de grossesse** qui vous sera utile pendant le suivi de votre grossesse et vous explique les formalités à remplir.
> Il vous faudra alors envoyer rapidement la déclaration de grossesse à la CAF et à la CPAM pour respecter les délais, c'est-à-dire **impérativement avant la fin de la 14e semaine de grossesse**. Vous bénéficierez ainsi de vos droits aux prestations sociales.

À savoir : chaque mois, votre poids et votre tension artérielle sont surveillés lors de l'examen prénatal. L'albumine et le glucose sont recherchés ainsi que la toxoplasmose et la rubéole (obligatoire jusqu'à la 20e semaine d'aménorrhée).

Ce que j'ai ressenti, éprouvé... ....

....

....

....

....

....

Les questions à poser à mon médecin

Ne pas oublier !

Votre carte de groupe sanguin vous sera délivrée à la suite de vos premiers examens sanguins, pensez à l'avoir toujours avec vous tout au long de votre grossesse.

semaine

6

(SA 8)

date de début
de la semaine 6

16 mai

Cette semaine ! **Écoutez les demandes de votre corps.** Si, après une journée de travail, vous ressentez des douleurs et des contractions, vous devez le prendre en compte pour changer l'organisation de votre soirée et vous reposer impérativement. Même si cela ne signifie pas que vous allez augmenter les risques de fausse couche, ces tiraillements sont toutefois comme un point d'appel à mieux vous ménager.

À faire ! Veillez à dîner au moins 2 heures avant d'aller dormir, pour une bonne digestion. Prenez un repas léger et préférez les aliments qui favorisent le sommeil, comme le poisson, les pâtes ou les pommes. En appliquant ces conseils, vous devriez très vite vous sentir plus en forme.

Mes rendez-vous !

Mes questions/mes impressions/mes humeurs

....

....

....

....

....

....

....

....

....

....

Info grossesse Le bouleversement hormonal des premiers mois est immense, ce qui explique les nausées et autres maux de la grossesse. Les nausées s'estompent puis disparaissent à la fin du premier trimestre. Car même si le taux des hormones de grossesse continue d'augmenter, votre corps va s'habituer à son nouvel état et mieux gérer cette variation des taux hormonaux.

Nutrition 20 milligrammes : c'est la quantité de fer quotidienne dont vous avez besoin durant la grossesse. Il contribue à la croissance du fœtus et du placenta en augmentant le taux d'hémoglobine dans votre sang. Les viandes rouges, le foie, les légumineuses et les légumes verts en contiennent. La vitamine C (que vous trouverez naturellement dans les agrumes, kiwis et jus 100 % fruits) favorise l'assimilation du fer par l'organisme.

le truc en plus !

À ce stade de la grossesse, votre utérus a la taille d'une orange… Vous ne le sentez pas encore mais **votre bébé bouge** ; cependant, son cerveau ne commande pas encore ses membres, ce ne sont donc que des réflexes.

semaine 7

(SA 9)

date de début de la semaine 7

23 mai..........................

Cette semaine ! **Pensez à vous inscrire dans la maternité de votre choix dès à présent**. Pour certaines maternités, une inscription est nécessaire dès le début de la grossesse afin de s'assurer de leur disponibilité. Où accoucher ? Si vous avez un gynécologue obstétricien qui vous suit, la maternité où il exerce vous correspondra certainement. Sinon, renseignez-vous afin de choisir l'établissement qui convient le mieux à vos critères : équipe médicale, sécurité, confort, proximité, équipement, relation avec votre médecin, préparation à l'accouchement...

À faire ! Choisissez un soutien-gorge bien adapté à la taille de votre poitrine afin d'éviter un relâchement des tissus. Pour prévenir les vergetures, hydratez votre ventre, vos cuisses et vos seins régulièrement. Vous avez le choix entre plusieurs lignes de soins cosmétiques et dermatologiques spécialement dédiées aux futures mamans.

Mes rendez-vous !

Mes questions/mes impressions/mes humeurs

....

....

....

....

....

....

....

....

....

....

Info grossesse Le surmenage nerveux comme physique peut être cause de prématurité. Pensez à vous ménager sur ces deux plans. Si des contractions surviennent, vous devez vous reposer et vous écouter. Certains efforts quotidiens, difficiles à éviter, peuvent provoquer des contractions : porter des courses, exécuter certaines tâches ménagères comme passer l'aspirateur, se baisser souvent pour ranger des jouets si vous avez des enfants en bas âge, les porter, courir dans les transports… N'hésitez pas à téléphoner à votre médecin ou une sage-femme qui vous conseillera.

Nutrition Ne modifiez pas votre consommation habituelle de sel, elle suffira à couvrir vos besoins en sodium durant la grossesse. Mais sachez cependant que les plats préparés industriels en contiennent trop : pensez à les limiter. Équilibrez simplement votre alimentation quotidienne.

le truc en plus !

On peut maintenant lire sur la notice des téléphones portables une mention spéciale recommandant aux femmes enceintes de **ne pas tenir le téléphone près de leur ventre**. Si aucune étude n'a, à ce jour, encore prouvé l'incidence directe de ces ondes sur le développement du fœtus, le bon sens veut que vous protégiez bébé dès à présent !

DOSSIER

Comment choisir sa maternité

Le suivi de la grossesse : médecin ou sage-femme ?

> Votre médecin : vous pouvez vous faire suivre et accoucher dans la maternité où exerce votre gynécologue obstétricien. Pensez à vous renseigner sur les coûts des maternités privées. Les obstétriciens travaillent en pratique libérale ou publique, seuls ou en équipe ; ils sont présents lors de l'accouchement de leurs patientes ou s'assurent qu'elles sont sous la surveillance de leurs collègues de garde.

> Une sage-femme : vous pouvez opter pour un suivi par une sage-femme libérale dès le début de votre grossesse jusqu'aux suites de couches. Mais dans la plupart des hôpitaux, vous devrez accoucher avec l'équipe de garde. Vous pouvez aussi choisir une maternité et rencontrer une sage-femme de l'établissement.

L'équipe des sages-femmes est importante, car ce sont elles qui vous accueilleront le jour J et vous prendront en charge. Concrètement, **ce sont elles qui procèdent à l'accouchement**, à moins qu'une complication ne requière la présence d'un médecin. Leurs conseils et encouragements vous permettront de mieux vivre le travail tout en participant activement à la naissance de bébé.

Le classement des maternités

En France, les maternités sont classées en 3 niveaux, en fonction du matériel et des équipes dont elles disposent.

Niveau I : la maternité dispose d'un bloc opératoire. L'équipe médicale sait pratiquer les premiers gestes d'urgence sur le bébé.

Niveau II : la maternité dispose en plus d'un service de néonatologie.

Niveau III : la maternité dispose d'un service de néonatologie et de réanimation.

Les maternités de niveaux II et III sont recommandées dans les grossesses à risques : accouchements prématurés, grossesses multiples, bébés en détresse vitale.

Les méthodes d'accouchement

À vous de décider quel accouchement vous souhaitez… Le plus naturel possible ? Avec la plus grande sécurité ? Sachez, par exemple, que si vous accouchez dans une maternité de type II ou III, l'accouchement sera beaucoup plus médicalisé du fait même de l'infrastructure médicale en place.

N'hésitez pas à poser des questions avant de vous inscrire dans une maternité : le père peut-il assister à la naissance ? En cas de césarienne, comment cela se déroule-t-il ? Peut-on bouger pendant le travail ou est-on immobilisée sur la table ? Cela vous permettra de faire le choix qui vous correspond le mieux selon vos attentes quant à l'accouchement.

Le séjour

Nombre et confort des chambres individuelles varient d'une maternité à l'autre et surtout entre hôpitaux publics et cliniques privées. Si vous optez pour la chambre particulière ou souhaitez que bébé soit pris la nuit ou désirez être soutenue pour commencer l'allaitement… renseignez-vous bien sur les conditions de séjour. Si vous envisagez une clinique privée, pensez à demander les tarifs et à consulter votre mutuelle pour connaître le montant de la prise en charge.

Le coût du séjour

La Sécurité sociale rembourse intégralement le séjour dans une maternité publique ou privée conventionnée. Pour un accouchement dans une clinique non conventionnée, faites attention aux dépassements d'honoraires ! Renseignez-vous auprès de votre mutuelle.

Ce sont des raisons personnelles qui guideront votre choix vers une maternité plutôt qu'une autre, sachant qu'il vous faudra privilégier la sécurité, la proximité ou le confort. Si vous avez des enfants, votre expérience personnelle vous aidera à faire un choix en connaissance de cause pour améliorer les conditions d'accouchement et de séjour.

Accoucher à la maison

Vous êtes peut-être de celles qui envisagent un accouchement à la maison. Ce genre d'accouchement est peu pratiqué en France, car il est jugé risqué pour la mère et l'enfant. Si un couple décide d'y avoir recours avec l'aval de son médecin et d'une sage-femme, refusant de médicaliser un acte qui est naturel à leurs yeux, ce choix doit être cependant encadré par un minimum de mesures médicales élémentaires pour la sécurité et la santé du bébé ainsi que celles de sa maman. Lorsqu'il s'agit d'un premier enfant, médecin et sage-femme sont généralement réticents, car on ne peut jamais savoir comment va se passer l'accouchement, même si votre grossesse s'est déroulée sans problème. Sachez que vous devrez tout de même vous rendre aux consultations prénatales obligatoires.

Mes notes

semaine

8

(SA 10)

date de début
de la semaine 8

~~4 juin~~
30 mai

Cette semaine ! **Le « Carnet de santé maternité » est le guide de surveillance de votre grossesse**. Votre Caisse primaire d'assurance maladie vous délivre votre carnet de santé maternité dès qu'elle reçoit votre déclaration de grossesse (avant la 14e semaine de grossesse). Ce carnet est personnel et confidentiel, vous devez le présenter à chaque consultation. Vous y trouverez les dates de tous les examens à effectuer jusqu'à l'accouchement.

À faire ! Marchez au moins 30 minutes par jour en respirant lentement et profondément. Cela vous évitera d'avoir des problèmes de circulation et les jambes lourdes et sera également bénéfique pour votre transit intestinal (constipation).

Mes rendez-vous !

Mes questions/mes impressions/mes humeurs

Info grossesse Envies, dégoûts alimentaires, émotivité et grosse fatigue sont les symptômes majeurs de ce premier trimestre !
Si penser à l'avenir qui se profile vous angoisse… sachez que c'est bon signe ! En effet, votre corps et votre esprit prennent conscience de ce qui vous attend… L'heure est aux petits ajustements qui vous permettront de vous adapter doucement à cette nouvelle vie que vous portez.

Nutrition S'il vous arrive de vous sentir mal ou d'être prise de vertiges lorsque vous êtes assise, la cause est le plus souvent une baisse du taux de sucre dans le sang, ce qui est assez courant au premier trimestre. Gardez toujours une sucrerie à portée de main ou mangez plus régulièrement au cours de la journée.

le truc en plus !

Vos reins sont fortement sollicités puisqu'ils travaillent pour deux. C'est pour cette raison qu'**il est important de boire 1,5 litre**, voire 2 litres d'eau par jour afin d'éliminer plus facilement les déchets de bébé.

Notes

Le 3e mois

Le 3e mois

Vous

Vous passerez votre première échographie ! Ça sera le moment d'annoncer votre grossesse autour de vous.

Bébé

À la fin du mois, c'est un fœtus qui mesure 8 cm de la tête au coccyx et pèse 65 g. Tous ses organes vitaux sont en place et il commence à téter le liquide amniotique.

semaine 9

(SA 11)

date de début de la semaine 9

6 juin

Cette semaine ! **Vous commencez votre troisième mois**. Votre bébé est maintenant passé de l'état d'embryon à celui d'un fœtus de la taille d'un pamplemousse ; il pèse environ 10 g.

À faire ! Si vous vous sentez stressée par moments, apprenez à vous détendre, car le stress peut augmenter le rythme cardiaque de votre bébé. Yoga, relaxation… tout ce qui vous aidera à vous sentir mieux dans votre corps est bon pour vous, alors n'hésitez pas à vous faire du bien… Pensez d'abord à vous !

Mes rendez-vous !

Mon poids au début du mois :

Mes questions / mes impressions / mes humeurs

....

....

....

....

....

....

....

....

....

....

Info grossesse L'exercice physique est essentiel pendant votre grossesse pour :

- Favoriser la circulation sanguine et l'oxygénation du sang.
- Fortifier les muscles afin qu'ils assument mieux le surpoids.
- Faciliter le transit intestinal.
- Maintenir votre équilibre corporel dévié par le poids accumulé pendant la grossesse.
- Mieux dormir, mieux gérer le stress, évacuer les tensions et retrouver confiance en vous !

Nutrition Ne consommez pas d'aspartame et autres ingrédients similaires contenus dans les produits allégés, 0 % et sans sucres, pendant la grossesse et l'allaitement. Mieux vaut faire preuve de prévention, vu le manque de recul scientifique concernant leurs effets à long terme…

le truc en plus !

Les nausées et vomissements causent une bouche plus alcaline, nécessitant **une hygiène dentaire renforcée**. Brossage soigné des dents, rinçage avec un bain de bouche si nécessaire et usage régulier du fil dentaire éviteront les gingivites, caries et autres abcès buccaux souvent associés aux inconvénients liés à la grossesse.

semaine 10

(SA 12)

date de début
de la semaine 10
13 juin

Cette semaine ! **Vous passez votre première échographie**. Cette « échographie de datation » va d'abord vous permettre de mettre un visage sur votre bébé, mais également de connaître la date de conception, de contrôler la croissance de votre bébé ou encore de voir le nombre d'embryons…

À faire ! C'est le moment d'annoncer votre grossesse ! La majorité des femmes annoncent leur grossesse à leur entourage au 3e mois. Et, le plus souvent, après leur première échographie, quand elles sont rassurées sur la santé et le bon développement de bébé.

Mes rendez-vous !

Mes questions / mes impressions / mes humeurs

....

....

....

....

....

....

....

Info grossesse Tout signe inhabituel pendant votre grossesse doit être signalé à votre médecin ou aux sages-femmes de la maternité.
Des pertes brunes peuvent avoir plusieurs origines :
- Elles peuvent être le signe d'une infection vaginale.
- Cela peut provenir de très légères pertes de sang, suite à un rapport sexuel ou à un examen du col, dans les deux ou trois jours précédents, c'est normal.
- Ces pertes peuvent survenir après avoir eu quelques petites contractions, du type tiraillements de règles.
- Les signes qui doivent vous alerter sont des pertes plus abondantes, la survenue de pertes de sang rouge, des douleurs de règles… Le repos est alors recommandé, prenez contact avec votre médecin.

Nutrition Tout au long de votre grossesse, pensez qualité plutôt que quantité ! Ne mangez pas pour deux mais mangez deux fois mieux ! Ne vous privez pas et ne vous carencez pas. Bébé et vous avez besoin de tous les éléments nutritifs.

le truc en plus !

Changez d'air et voyagez. Cela ne pose pas de problème si vous vous organisez et prenez en compte le stade de votre grossesse, car certains moyens de transport comme certaines destinations (pays comportant un risque infectieux ou ayant une infrastructure sanitaire défectueuse, régions de haute altitude) sont à éviter. Sachez que la voiture, sur les longs trajets, par les vibrations occasionnées par la route, favorise les contractions et l'ouverture du col.

DOSSIER

La première échographie : l'échographie de datation

L'échographie de datation va mesurer la taille du fœtus afin que le suivi prénatal puisse se dérouler en fonction de la date exacte du début de votre grossesse.

À quoi sert l'échographie ? À dater la grossesse, confirmer la croissance du fœtus, des battements du cœur et de la formation de son cerveau.

> Lors de votre première échographie, vous serez surprise de voir combien bébé ressemble à un minuscule être humain et de pouvoir facilement identifier les différentes parties de son corps !

À savoir : les échographies utilisent des ondes sonores de très haute fréquence qui sont envoyées à travers le ventre de la maman. Ne vous inquiétez pas pour bébé, il n'y a pas de phénomène de radiation avec les ultrasons qui émettent uniquement des ondes sonores.

> Les battements de cœur de votre bébé sont contrôlés pendant cette échographie. Pour la première fois vous allez voir votre bébé et **vous aurez une très belle émotion** lorsque vous verrez battre son petit cœur à un rythme effréné !

> Dans l'heure précédant une **échographie abdominale** on vous demandera de boire beaucoup d'eau et de ne pas aller faire pipi ! Même si cela vous semble inconfortable c'est nécessaire, car les ultrasons sont mieux réfléchis et les images bien plus nettes.

> Évitez de vous enduire le ventre de crème hydratante juste avant une échographie, cela pourrait gêner plus ou moins l'examen.

> Pour une **échographie vaginale**, pas besoin de remplir la vessie, car la sonde est suffisamment près de l'utérus pour obtenir une image nette. Rassurez-vous : cet examen n'est ni douloureux ni dangereux pour le fœtus et le bon déroulement de la grossesse.

> Les grossesses gémellaires sont souvent diagnostiquées lors de la première échographie : le médecin verra alors s'il s'agit de vrais jumeaux (grossesse monochorionique) ou de faux jumeaux (dichorionique).

Pensez à informer le papa à l'avance de ce rendez-vous et à le lui rappeler afin qu'il puisse se libérer et vous accompagner pour vivre ensemble cette première rencontre avec bébé.

Faut-il amener son (ses) enfant(s) ? Certains parents sont persuadés que leur enfant souhaite autant qu'eux découvrir le futur bébé. Mais cette image qui n'est pas toujours déchiffrable pour les parents l'est encore moins pour un enfant ! Ce moment n'a pas la même dimension pour les parents que pour un enfant et il convient alors de demander à ce dernier son avis, en prenant en compte son âge, plutôt que de lui faire absolument tout partager ! Il est préférable d'attendre la deuxième échographie.

Mes remarques

Collez ici la photo
de votre première échographie

semaine

11

(SA 13)

date de début
de la semaine 11

20 juin

Cette semaine ! **Partagez vos émotions avec le futur papa** qui appréciera que vous lui fassiez confiance. Sans doute un peu déstabilisé par vos sautes d'humeur ce premier trimestre, il a aussi besoin d'être rassuré sur son futur rôle et de savoir ce que vous attendez de lui.

À faire ! Pratiquez un sport adapté qui pourra vous permettre de vous sentir mieux dans votre corps sans trop d'efforts ni de danger pour votre grossesse : la marche, la gymnastique douce ou encore la natation. Celle-ci est vivement recommandée pour une femme enceinte, car dans l'eau vous redécouvrez votre corps plus léger et vos sensations sont décuplées.

Mes rendez-vous !

RDV 24 juin 15h : Echo.

Mes questions / mes impressions / mes humeurs

Info grossesse Maintenant, bébé est un fœtus et tous ses organes vitaux sont en place. Cette semaine, il construit son squelette : les côtes et le bassin ainsi que le cartilage de son minuscule bout de nez !

Nutrition Au restaurant, sachez ne pas craquer pour les plateaux de fruits de mer même si vous en avez terriblement envie ! La fraîcheur des produits de la mer n'y étant jamais garantie, coquillages et crustacés pourraient se révéler toxiques pour bébé comme pour vous…

le truc en plus !

Annoncez la bonne nouvelle à votre (vos) enfant(s) et montrez-lui des photos de votre ventre quand vous l'attendiez ! Ce sera plus réaliste s'il est encore petit et il comprendra mieux l'évolution de votre grossesse jusqu'à la naissance. Répondez à ses questions, ressortez ses petites affaires, montrez-lui et faites-lui toucher votre ventre…

semaine 12

(SA 14)

date de début de la semaine 12

27 juin

Cette semaine ! **Le risque de fausse couche est très faible à ce stade de votre grossesse**. En effet, 97 % des femmes enceintes avec un battement de cœur fœtal vu à l'échographie peuvent s'attendre à mener leur grossesse à terme.
Après 12 semaines, le risque de fausse couche ne dépasse pas 1 %.

À faire ! Si vous souhaitez que votre enfant puisse bénéficier de la crèche, il est temps d'y inscrire votre futur bébé.
Et pour profiter pleinement de votre grossesse et de vos congés maternité, pensez à aborder le sujet avec votre hiérarchie prochainement…

Mes rendez-vous !

Mes questions / mes impressions / mes humeurs

....

....

....

....

....

....

Info grossesse La listériose est une infection due à une bactérie (la listéria) qui peut contaminer la charcuterie et certains produits laitiers, tels que les fromages à pâte molle et au lait cru. Pour la prévenir, il vous faudra donc respecter des précautions alimentaires et des mesures d'hygiène de base :

- Évitez les fromages au lait cru, la charcuterie ou la viande crues, les conserves artisanales, les huîtres, le surimi, le tarama et le poisson fumé aux origines incertaines.
- Nettoyez régulièrement votre réfrigérateur.
- Respectez bien la chaîne du froid.

Nutrition Sport et nutrition. Le sport est là pour vous aider à vous sentir bien dans votre peau de femme enceinte et fait donc partie d'une bonne hygiène de vie qui comprend l'équilibre alimentaire - même si se faire plaisir de temps en temps est toujours recommandé. Faire du sport ne doit pas être une raison pour manger deux fois plus après l'effort sous prétexte d'avoir dépensé de l'énergie et brûlé des calories !

le truc en plus !

Développez le goût de bébé dès la grossesse... Saviez-vous que le liquide amniotique et le lait maternel transmettent au fœtus, puis au nouveau-né, les arômes des aliments consommés par la maman ? De ce fait, l'exposition précoce de bébé à ces molécules aromatiques peut **jouer un rôle essentiel dans le développement du goût !** N'hésitez pas à varier au maximum votre alimentation pendant la grossesse et, bien sûr, lorsque bébé sera là, à favoriser, si possible, l'allaitement au sein tant que vous le pourrez.

semaine

13

(SA 15)

date de début
de la semaine 13

4 juillet

Cette semaine ! C'est le moment pour refaire votre garde-robe ! Avec le futur papa, ou avec vos amies, faites les magasins de vêtements pour femme enceinte. Vous verrez, vous vous sentirez certainement plus à l'aise. Et c'est essentiel pour être bien dans votre corps…

À faire ! Pour vous détendre :

– Prenez un bain avec des huiles essentielles – votre pharmacien vous indiquera lesquelles utiliser – en fin de journée.
– Demandez un massage à votre homme.
– Assise ou couchée, surélevez les jambes pour favoriser la circulation veineuse.
– Faites une activité relaxante avant d'aller vous coucher comme la lecture.
– Respirez par le ventre et non par le thorax.
– Aérez votre chambre.

Mes rendez-vous !

Mes questions/mes impressions/mes humeurs

....

....

....

....

....

....

....

....

....

....

Info grossesse Le placenta alimente régulièrement bébé en oxygène et en nutriments par la veine du cordon ombilical. Le sang supplémentaire qui circule dans votre corps vous donne un teint incomparable, profitez-en !

Nutrition Buvez de l'eau ! Deux litres d'eau par jour sont indispensables à l'hydratation et à la constitution de bébé ainsi que pour renouveler le liquide amniotique, qui aura lieu jusqu'à 8 fois par jour durant le troisième trimestre ! Même si c'est une des causes de vos envies fréquentes d'uriner, ne laissez pas cette gêne vous empêcher de boire et étalez votre consommation sur toute la journée, par petites quantités – à réduire le soir.

le truc en plus !

Prenez le temps de parler de votre grossesse, de vos symptômes, de vos doutes et de vos angoisses, bref, de vos humeurs de femme enceinte, avec vos proches, vos amies, d'autres mamans ou futures mamans qui seront ravies. En partageant vos émotions si vives pendant la grossesse et en exprimant vos ressentis, vous découvrirez que vous n'êtes pas seule. Cela vous permettra de relativiser et ne pas culpabiliser !

Notes

Le 4e mois

Le 4e mois

Vous

Vous passerez votre deuxième examen prénatal obligatoire et vous vous inscrirez aux cours de préparation à l'accouchement.

Bébé

À la fin du mois, sa peau a atteint sa constitution définitive.
Il mesure 12 cm de la tête aux fesses et pèse 200 g.
Bébé est suffisamment grand pour que vous le sentiez bouger.

semaine 14

(SA 16)

date de début de la semaine 14

11 juillet

Cette semaine ! Maintenant, votre utérus arrive au niveau du nombril. Il se peut d'ailleurs qu'il y ait des répercutions sur votre digestion. **Pensez à manger léger** et évitez la nourriture trop acide, surtout le soir avant d'aller vous coucher.

À faire ! N'oubliez pas d'envoyer votre déclaration de grossesse à la CAF et à la CPAM avant la fin de cette semaine pour bénéficier de vos droits aux prestations sociales.

Mes rendez-vous !

Mon poids au début du mois :

Mes questions / mes impressions / mes humeurs

....

....

....

....

....

....

....

Info grossesse Grossesse sous surveillance. 98 % des grossesses se déroulent normalement. Cependant, certaines grossesses sont plus surveillées : si vous avez une maladie chronique ou si vous êtes âgée de plus de 40 ans (2,5 % des naissances surviennent chez les femmes de plus de 40 ans). L'hypertension ou le diabète sont des raisons de surveillance renforcée de la grossesse.

Nutrition Pendant ces trois premiers mois, vous avez trouvé étrange d'être nauséeuse, de n'avoir pas grand plaisir à manger mais de vous gaver malgré tout - vous n'êtes pas à un paradoxe près... c'est ça la grossesse. À partir du deuxième trimestre, tout semble s'arranger sur le plan de l'appétit et de la digestion.

le truc en plus !

La prise de poids augmente à partir du deuxième trimestre et amène une sensation de jambes lourdes fréquente. Les varices, dilatées, peuvent alors provoquer des œdèmes.

Quelques astuces pour soulager vos jambes :

– Surélevez vos jambes en position assise ou couchée.
– Terminez votre douche par un jet d'eau froide en remontant le long de vos jambes.
– Effectuez quelques petits massages quotidiens pour faire circuler le sang.
– Pratiquez la marche quotidiennement (et gardez cette habitude après la grossesse).
– Évitez les talons hauts, les chaussettes trop serrées ainsi qu'une trop forte prise de poids.

DOSSIER

Le deuxième examen prénatal obligatoire

Cet examen a lieu au cours du 4e mois.

Votre médecin effectue un **examen général et gynécologique.**

> Il note votre tension, votre poids et les bruits du cœur de bébé.
> Il vous conseille de faire les tests de marqueurs sériques (dépistage de la trisomie 21).
> Il vous prescrit un examen d'urine (recherche d'albumine).

Notez tout ce qui vous tient à cœur, pensez à écrire toutes vos questions et impressions. Ce serait bien que le papa soit là avec vous pour ce rendez-vous qui vous permettra de comprendre encore mieux ce que vous vivez ensemble depuis trois mois.

L'amniocentèse : en cas d'antécédents de maladie génétique, pour toute grossesse débutée après 38 ans ou en cas de risques dépistés par marqueurs sériques (prise de sang), il est conseillé de pratiquer une amniocentèse qui consiste en l'analyse du liquide amniotique prélevé dans l'utérus. Cet examen est habituellement effectué entre la 14e et la 16e semaine de grossesse mais peut être réalisé jusqu'à la 26e semaine.
Si vous êtes concernée, anticipez calmement cet examen. **Il permet d'obtenir un diagnostic précis par l'élaboration du caryotype complet (tableau génétique) de bébé.**
Cet examen dure une vingtaine de minutes et est pratiqué sous contrôle échographique. On vous conseillera ensuite de vous reposer et d'éviter tout effort pendant 24 heures.

À savoir : chaque mois, votre poids et votre tension artérielle sont surveillés lors de l'examen prénatal. L'albumine et le glucose sont recherchés ainsi que la toxoplasmose et la rubéole (obligatoire jusqu'à la 20e semaine d'aménorrhée).

Ce que j'ai ressenti, éprouvé... ....

....

....

....

....

....

Les questions à poser à mon médecin

Ne pas oublier !

semaine 15

(SA 17)

date de début
de la semaine 15

18 juillet

Cette semaine ! Durant tout le premier trimestre, **le manque de mémoire et l'incapacité à se concentrer sont flagrants** chez certaines femmes enceintes !
La concentration revient avec le sommeil retrouvé au second trimestre et des nuits normales et enfin plus reposantes.

À faire ! L'entretien du 4e mois de grossesse. Ce rendez-vous médical est essentiel, car il va vous permettre de faire le point à l'entrée du second trimestre de grossesse qui est une étape importante. Vous devez vous y rendre pour votre bien-être comme pour celui de bébé. Le médecin ou la sage-femme discutera avec vous de tout ce qui vous attend pendant les mois à venir et vous pourrez lui confier vos attentes de future maman au vu de ce premier trimestre qui vient de s'écouler.

Mes rendez-vous !

Mes questions / mes impressions / mes humeurs

....

....

....

....

....

....

....

....

....

Info grossesse Les soins dentaires des femmes enceintes sont remboursés à 100 % à partir du 6e mois de grossesse. Il est conseillé de prendre rendez-vous pour ne pas négliger vos dents pendant les mois à venir et ainsi diminuer les risques de carie et de gingivite. D'autant plus que les gencives se ramollissent sous l'effet des hormones de grossesse et ont donc plus tendance à saigner ou à s'infecter.

Nutrition Lâchez prise pendant ces quelques mois ! C'est bien le seul moment de la vie d'une femme où grossir va de soi… en ayant une nourriture équilibrée. Ne culpabilisez pas et ne soyez pas obsédée par le contenu de votre assiette. Personne ne juge une femme enceinte !

le truc en plus !

La grossesse est un cataclysme pour un couple, car attendre un enfant vous amène à modifier votre façon de vivre alors que bébé n'est même pas encore là… **Votre couple va évoluer** au fur et à mesure que votre ventre s'arrondit. Clarifiez les choses dès maintenant. N'attendez pas que les tensions s'accumulent, ne négligez pas les « petits » problèmes relationnels qui s'installent au quotidien entre vous. Dites clairement au futur papa ce que vous ressentez. Dialoguez, échangez…

semaine

16

(SA 18)

date de début
de la semaine 16
25 juillet

Cette semaine ! Votre utérus a maintenant la taille d'un petit melon ! Vos seins continuent de « gonfler » sous l'effet des hormones, qui rendent aussi vos cheveux plus volumineux, moins gras. Vos ongles, moins cassants, pousseront plus vite. Profitez de ces avantages de la grossesse et de ces fameuses hormones qui vous en ont fait voir de toutes les couleurs au premier trimestre !

À faire ! Ce trimestre est le plus agréable pour la femme enceinte. Vous n'êtes plus fatiguée ni nauséeuse comme au premier trimestre et votre ventre ne vous gêne pas encore... C'est le moment idéal pour entreprendre les multiples démarches nécessaires à l'accueil de bébé, comme les achats du petit et du gros matériel de puériculture, l'aménagement de sa chambre ou même un déménagement ! Mais toujours en vous préservant et en vous reposant.

Mes rendez-vous !

Mes questions / mes impressions / mes humeurs

Info grossesse La grossesse multiple. Si vous attendez des jumeaux, voire des triplés ou plus, une attention médicale particulière vous sera portée tout au long de votre grossesse. Ceci est justifié par le risque d'hypertension artérielle et le risque d'accouchement prématuré plus important. Rassurez-vous : en plus d'un suivi minutieux de votre grossesse, une équipe très compétente et complète sera là pour garantir la sécurité nécessaire lors de votre accouchement, quelle que soit la maternité que vous aurez choisie.

Nutrition Notre alimentation est généralement pauvre en magnésium. Un apport quotidien de fruits secs – pruneaux, dattes, figues, raisins, amandes ou noisettes –, bananes et flocons de céréales vous permettra de combler ce manque. Mais à consommer en petites quantités, car ils sont très énergétiques. Le magnésium a des bienfaits sur le développement des cellules nerveuses du fœtus ainsi que sur la régulation du sommeil et de l'humeur de la maman…

le truc en plus !

Si vous prévoyez de déménager, faites-le au cours de ce trimestre, car c'est à ce moment que vous êtes le plus en forme. Ne vous fatiguez pas et contentez-vous de donner les instructions. Surtout, **ne portez pas de charges lourdes**, ne déplacez pas de meubles, même légers, car vous n'êtes pas à l'abri d'un faux mouvement, et c'est bébé qui le sentirait en premier. Soulagez vos jambes, ne restez pas trop longtemps debout, calez votre dos pendant le trajet et pensez à bien vous hydrater.

semaine

17

(SA 19)

date de début de la semaine 17

1 août

Cette semaine ! Les cours de préparation à l'accouchement sont en général dispensés par la maternité où vous êtes inscrite. Renseignez-vous auprès des sages-femmes qui vous indiqueront quand et comment vous inscrire suivant les disciplines choisies. **Yoga, haptonomie, sophrologie, chant prénatal, cours de relaxation en piscine ou échanges**, dialogue et information avec d'autres mamans ainsi qu'avec les professionnels de la santé qui vous accompagnent au long de votre grossesse : choisissez ce qui vous correspond et surtout ce qui vous convient en fonction de ce que vous attendez de ces séances.

À faire ! Les activités en plein air : bébé a besoin d'oxygène pour son développement, et l'augmentation du volume du sang due à la grossesse nécessite aussi une plus grande oxygénation. Alors, la marche, la nage, le vélo et même faire les magasins avec vos amies dans une rue piétonne feront plaisir à bébé… et à sa maman !

Mes rendez-vous !

Mes questions / mes impressions / mes humeurs

....

....

....

....

....

....

....

....

....

....

....

....

Info grossesse Infections urinaires. La baisse des défenses immunitaires durant la grossesse semble expliquer la fréquence des infections urinaires pendant cette période. Dès l'apparition des premiers symptômes, buvez beaucoup d'eau (1 litre par heure) et consultez dans les 24 heures.

Nutrition Veillez à regarder les étiquettes pour traquer le sel auquel on ne pense pas toujours ! Évitez les plats préparés industriels et autres mets cuisinés, certes pratiques, mais qui regorgent de sel et dont l'équilibre nutritionnel laisse à désirer pour la grande majorité d'entre eux.

le truc en plus !

Attention au soleil : votre peau est très fragile et de petites taches brunes, formant le masque de grossesse, peuvent apparaître surtout sur le visage et parfois sur le reste du corps. Ne vous inquiétez pas, ces taches disparaîtront après l'accouchement. Protégez votre peau des rayons du soleil, car votre pigmentation a changé avec la grossesse.

DOSSIER Les séances de préparation à l'accouchement

Votre maternité vous proposera 8 séances de préparation à l'accouchement, à partir du sixième mois de grossesse, remboursées par la Sécurité sociale et habituellement animées par une sage-femme.

> La préparation à l'accouchement permet à de nombreuses femmes **de se rassurer et de se sentir moins seules** ainsi que de mieux cerner les modifications de leur corps pendant la grossesse pour aborder plus sereinement le jour où les premiers signes de la naissance arriveront.

> Ces cours vont aborder les thèmes de l'accouchement en lui-même, de l'arrivée à la maternité jusqu'au retour à la maison avec bébé.

Toutes les questions y seront évoquées :

> Les premiers signes indiquant le début de travail
> La valise pour bébé et maman
> Le départ de la maison
> Les contractions
> La prise en charge de la douleur
> Les positions pouvant aider le travail
> La respiration
> Les techniques de relaxation
> Des informations sur la césarienne
> Le rôle du papa ou de la personne accompagnante
> L'allaitement maternel ou au biberon
> Les premiers soins à prodiguer à bébé
> Le retour à la maison…

Chaque maternité offre en plus des séances sur d'autres méthodes complémentaires pour accueillir bébé dans la sérénité : renseignez-vous auprès de votre maternité.

Le yoga

Cette méthode est avant tout destinée à vous apprendre à vous relaxer en prenant conscience de votre corps, en apprenant à le découvrir et à l'écouter, à faire travailler vos muscles en douceur et à mieux maîtriser votre périnée. Alliant concentration sur le souffle, relaxation et assouplissement du corps, cette technique peut, par la suite, être facilement utilisée pour vous détendre en reproduisant ces exercices faciles à exécuter au quotidien.

Pour qui ? Pour les femmes qui veulent apprendre à se détendre en pratiquant une activité physique douce. Les futurs papas peuvent y participer pour découvrir comment aider leur femme et la soulager pendant le travail.

La sophrologie

Cette méthode de relaxation aide les futures mamans à prendre confiance en elles grâce à la visualisation d'images positives. Vous y apprendrez à vous relaxer en maîtrisant votre respiration et en prenant conscience de votre utérus, de votre bébé afin de mieux vous adapter aux modifications de votre corps et, ainsi, surmonter vos craintes et la douleur.

Pour qui ? Pour celles qui parviennent à se concentrer et à faire le vide dans leur tête pour faire appel à des images positives.

La préparation en piscine

La gymnastique aquatique permet au corps de s'alléger, porté par l'eau et massé par elle. La pression de l'eau facilite la circulation sanguine, détend les jambes lourdes et soulage le dos. L'eau apporte un bien-être indéniable à la femme enceinte en atténuant les douleurs dorsales et ligamentaires du bassin. Ces séances sont idéales pour toutes les femmes qui font de l'œdème. Elles permettent aussi d'apprendre à mieux respirer et à libérer toutes les tensions.

Pour qui ? Pour toutes celles qui aiment l'eau et qui désirent continuer une activité physique en douceur.

L'haptonomie

Cette méthode est plus un accompagnement, qui prépare essentiellement à l'accueil de bébé. Vous devez venir avec le papa pendant ces séances, car on y aide les parents à entrer en contact avec leur bébé par le toucher. La méthode est basée sur la relation affective parents-bébé au travers de caresses et de pressions douces sur le ventre. Chaque rendez-vous est une nouvelle découverte de son enfant et une véritable rencontre avec son bébé.

Pour qui ? Pour les femmes dont le compagnon souhaite participer activement à la grossesse et à l'accouchement.

Le chant prénatal

Cette méthode est fondée sur l'impact des sons sur le corps. En chantant, on se détend et on apprend à travailler sur sa respiration et son souffle. Pratiqué en groupe, le chant est source d'énergie. De plus, les fréquences graves auraient des effets antalgiques sur le bas du corps.

Pour qui ? Pour celles qui aiment fredonner partout et à tout moment et que le chant détend et rend joyeuses !

Les premières séances de préparation dans votre maternité vous permettront de vous familiariser avec les lieux. C'est avant tout un moyen de rencontres et d'échanges entre les futurs parents et l'équipe médicale.
Vous pourrez ainsi visiter les salles de travail, voir concrètement les appareils dont dispose chaque salle et avoir des explications sur le déroulement de l'accouchement et la pratique dans votre maternité.

Les réunions proposées par les maternités sont de plus en plus développées et elles en disent beaucoup sur la prise en charge autour de la naissance. **Réunions sur la péridurale ou sur l'allaitement, pour les pères uniquement ou pour les couples :** vous trouverez de tout sur les thèmes les plus variés, n'hésitez pas à y aller, à participer. **Vous y apprendrez beaucoup** et, en tout cas, vous n'y perdrez pas votre temps, car vous pourrez échanger vos impressions avec des femmes qui en sont au même stade de grossesse que vous. Et si les femmes dont ce n'est pas le premier enfant y reviennent c'est plutôt bon signe ! Et c'est toujours rassurant et plaisant de faire connaissance et de se retrouver par la suite dans les cours de préparation ensemble, voire dans la même chambre avec bébé !

Notes

Le 5e mois

Le 5e mois

Vous

Vous commencerez à sentir bébé bouger ! Vous passerez votre troisième examen prénatal obligatoire et votre deuxième échographie.
Ce mois-ci vous pourrez savoir si c'est un garçon ou une fille.

Bébé

À la fin du mois, il mesure 26 cm de la tête aux talons et pèse 500 g.
Il peut maintenant attraper son pouce et le téter !

semaine

18

(SA 20)

date de début de la semaine 18

18 août

Cette semaine ! Vous allez enfin vivre ce merveilleux moment : **bébé bouge !** Vous ressentirez comme des « petites bulles » ou des « petites ailes de papillon ». C'est un moment magique qui ne pourra que vous émouvoir… Une sensation unique. Profitez-en pour la partager avec le futur papa.

À faire ! C'est la période idéale pour voyager, vous êtes moins fatiguée qu'au début de la grossesse et votre ventre n'est pas encore trop encombrant. Même un simple week-end à deux vous fera du bien et permettra à votre couple de se retrouver après un premier trimestre qui éloigne un peu : la femme enceinte fait de son mieux pour gérer les troubles du début de sa grossesse et son conjoint prend ses distances, ne sachant pas trop comment réagir…

Mes rendez-vous !

Mon poids au début du mois :

Mes questions/mes impressions/mes humeurs

....

....

....

....

Info grossesse Vous pouvez conduire votre véhicule sous certaines conditions et toujours en étant très prudente. Mais si vous le pouvez, faites-vous conduire, ce sera toujours plus agréable pour vous, car il y a moins de stress en étant passager. Selon le stade de votre grossesse, calez bien votre dos dans le dossier en n'hésitant pas à rajouter un coussin et pensez à bien placer la ceinture de sécurité autour de votre ventre et non pas dessus pour la sécurité de bébé. Ne conduisez pas sur de trop longs trajets, car les secousses peuvent augmenter les contractions (préférez le train ou l'avion si le voyage est long).

Nutrition Pour voyager en bonne santé :

- Buvez beaucoup d'eau en bouteille, surtout dans les régions chaudes.
- Refusez les glaçons dans vos boissons.
- Lavez-vous soigneusement les mains avant de manger.
- Épluchez les fruits et évitez les mets préparés sur les marchés.
- Ne consommez pas d'aliments non pasteurisés et de fruits de mer.
- Demandez toujours l'avis à votre médecin avant de partir.

le truc en plus !

Dès les 4e et 5e mois de grossesse, la prise de poids et l'augmentation de volume de l'utérus ont des répercussions sur la colonne vertébrale : la cambrure s'accentue et épuise le dos.

Pour soulager votre dos : ne restez pas trop longtemps debout, évitez les talons, ne portez pas de charges lourdes, veillez à ne pas prendre trop de poids, reposez-vous le plus souvent possible et faites une sieste l'après-midi si vous le pouvez.

Lorsque vous êtes debout : gardez le dos le plus droit possible en basculant le bassin vers l'arrière.

Lorsque vous êtes assise : calez votre dos contre le dossier. La position en tailleur permet un bon alignement.

DOSSIER

Le troisième examen prénatal obligatoire

Cet examen a lieu au cours du 5e mois.

Votre médecin effectue un **examen général et gynécologique.**

> Il vous rappelle la date prochaine de **votre deuxième échographie** : l'échographie morphologique, qui doit être réalisée entre les 19e et 21e semaines de grossesse.
> Il vérifie, entre autres, votre hauteur utérine, votre tension et votre prise de poids.
> Il répond à vos questions, alors n'oubliez pas de les noter avant chaque rendez-vous !

Grossesses précédentes : si vous avez des enfants ou avez déjà été enceinte, vos antécédents obstétricaux sont importants, car le déroulement des grossesses précédentes et les problèmes que vous avez pu rencontrer vont aider votre médecin et l'équipe médicale à savoir et comprendre si votre grossesse actuelle ainsi que votre accouchement présentent des risques.

Cela permet aussi à votre gynécologue de définir **le type de suivi prénatal dont vous avez besoin** au fur et à mesure que votre grossesse avance : complications au cours d'une grossesse ou d'un accouchement, interruption de grossesse, traitement de procréation médicalement assistée...

Toutes ces informations sont essentielles pour le suivi et le bon déroulement de votre grossesse et sont strictement confidentielles.

À savoir : chaque mois, votre poids et votre tension artérielle sont surveillés lors de l'examen prénatal. L'albumine et le glucose sont recherchés ainsi que la toxoplasmose et la rubéole (obligatoire jusqu'à la 20e semaine d'aménorrhée).

Ce que j'ai ressenti, éprouvé... ....

....

....

....

....

....

Les questions à poser à mon médecin

Ne pas oublier !

semaine

19

(SA 21)

date de début de la semaine 19

15 août

Cette semaine ! Ce trimestre est souvent marqué par **l'augmentation de la libido** chez la femme enceinte. Le bouleversement hormonal a baissé votre désir en début de grossesse, ce qui n'a pas manqué de déstabiliser votre couple... Maintenant, vous êtes plus demandeuse de câlins ! Ce qui ne devrait pas déplaire à votre conjoint. Parlez-en ensemble, car vous n'avez peut-être pas les mêmes envies qu'avant. Quant à votre compagnon, s'il est ravi de vous faire plaisir, il peut se retrouver perplexe devant ce ventre qui s'est arrondi et ces formes qui ont changé le corps de sa femme ! Guidez-le et vous retrouverez le plaisir d'un couple épanoui.

À faire ! Rappelez-vous que votre centre de gravité a changé, ce qui va affecter votre équilibre et votre coordination au quotidien, alors soyez prudente ! Faites attention dans votre salle de bains, sous la douche ou dans la baignoire, redoublez de vigilance. Vos pieds grossissent et s'élargissent pendant ces neuf mois, portez des chaussures confortables et bien adaptées, à talons plats de préférence.

Mes rendez-vous !

Mes questions / mes impressions / mes humeurs

....

....

....

....

....

....

....

....

Info grossesse Si votre travail actuel constitue un danger potentiel pour vous et/ou votre bébé, vous avez le droit de demander à être transférée à un poste moins pénible jusqu'à votre départ en congé maternité. En effet, certaines activités comprenant des tâches pénibles peuvent être dangereuses, certains postes de travail nécessitant de porter des charges lourdes ou rester longtemps debout, ou des emplois exposant à des produits chimiques toxiques peuvent avoir un risque direct sur votre état ou des effets nocifs sur le bébé.

Nutrition Vos besoins en calories dépendent de votre âge, de votre stature, de votre corpulence, de votre poids au début de la grossesse, de votre régime alimentaire actuel et de votre activité physique. Ne stressez pas sur chaque kilo pris mais pensez à équilibrer le repas suivant si vous avez fait un écart. Vous avez le droit de vous faire plaisir, d'aller dîner chez des amis ou chez maman qui vous chouchoute pour le repas du dimanche sans vous priver ! Un resto en amoureux ? Profitez et savourez l'instant…

le truc en plus !

Vous avez peut-être un transit intestinal plus lent qu'en temps normal. Pour y remédier, **hydratez-vous régulièrement et nourrissez-vous d'aliments riches en fibres**, tels que les céréales, le pain complet, les fruits et les légumes.

semaine

20

(SA 22)

date de début de la semaine 20

22 août

Cette semaine ! Vous allez passer **votre 2e échographie** appelée « échographie morphologique ». Elle va vous permettre de bien voir votre bébé, qui parfois suce même son pouce ! Vous assisterez à une revue en détails de votre bébé et pourrez, si vous le souhaitez, **savoir si c'est un garçon ou une fille...**

Cette échographie est l'une des plus importantes pour diagnostiquer la bonne santé du fœtus.

À faire ! Notez régulièrement ce qui vous vient à l'esprit et ce que vous ressentez entre deux consultations, pour ne pas oublier, au cas où le médecin vous presse un peu, d'aborder ce qui vous tourmente, vous trouble ou vous questionne tout simplement. La surveillance de votre grossesse est aussi importante sur le plan physique que psychologique.

Mes rendez-vous !

Mes questions / mes impressions / mes humeurs

....

....

....

....

....

....

....

....

....

Info grossesse Vous avez remarqué que vous manquiez parfois de souffle en fin de premier trimestre ? Sachez que ce symptôme peut se poursuivre. En effet, les besoins en oxygène augmentent de 15 à 20 % durant la grossesse : la moitié est utilisée par l'utérus, le placenta et le fœtus, et l'autre moitié sert principalement à alimenter le cœur et les reins. Presque tous vos organes travaillent maintenant beaucoup plus et, pour cette raison, ils ont besoin d'énormément d'oxygène.

Nutrition Les vitamines, minéraux et nutriments nécessaires à votre grossesse se trouvent avant tout dans un régime alimentaire sain et varié plutôt que dans les compléments alimentaires en comprimés ou gélules ! Si vous êtes végétarienne (ou végétalienne), informez-en votre médecin qui vous conseillera pour combler vos besoins nutritionnels accrus par la grossesse.

le truc en plus !

Il peut arriver d'avoir parfois **un drôle de goût métallique dans la bouche**. Les médecins pensent que ce phénomène est dû au niveau élevé de diverses hormones dans le système sanguin, ce qui peut modifier le goût de votre salive. La fraîcheur d'une tisane à la menthe poivrée aide à combattre ce goût métallique dans la bouche, de même qu'un brossage de dents plus fréquent pourra peut-être vous soulager…

DOSSIER La deuxième échographie : l'échographie morphologique

> L'échographie du deuxième trimestre sert à s'assurer que les principaux organes du fœtus sont en bonne santé : le tube digestif, les reins, la vessie, le cœur et le système nerveux.

Cette échographie doit être réalisée **entre les 21e et 23e semaines d'aménorrhée (19e et 21e semaines de grossesse).**

> Votre bébé aura beaucoup grossi depuis la dernière échographie et il s'est suffisamment développé pour qu'on puisse examiner la plupart de ses organes à l'échographie. Le médecin échographe va rester très concentré sur les mesures à prendre pendant l'échographie, car il s'agit avant tout d'un examen médical et le fœtus bouge constamment et n'est pas toujours dans la bonne position. **Les mesures prises pendant cette échographie permettent d'établir si votre bébé est d'une taille normale pour son âge.**

> Tous les organes de votre bébé sont passés en revue afin de détecter d'éventuelles anomalies, car c'est à ce stade de votre grossesse que l'on peut commencer à les dépister. Le cœur requiert beaucoup d'attention. Le médecin prend les mesures de la tête, du fémur, du nez, du cerveau… et mesure la vitesse du sang dans le cordon et les artères utérines, grâce à l'examen Doppler, qui permet de vérifier que les échanges entre le fœtus et la mère sont de bonne qualité.

> S'il ne croise pas les jambes, vous pourrez lors de cette échographie connaître le sexe de bébé ! Si vous ne voulez pas savoir, dites-le à votre médecin dès le début de la consultation afin d'éviter tout malentendu !

> L'échographe pourra vous montrer **le profil de bébé, sa tête, ses pieds et même tirer des clichés que vous garderez !**

Les différents points vérifiés lors de cette échographie morphologique :

- Le rythme cardiaque fœtal
- La cavité abdominale avec la forme et la taille de l'estomac, des intestins, du foie, des reins et de la vessie
- La tête et la colonne vertébrale
- Le cerveau
- La position et l'épaisseur du placenta
- Le volume du liquide amniotique
- Le sexe de votre bébé

> Si une anomalie est repérée, elle donnera lieu à des examens complémentaires pour confirmer ou non le diagnostic. La plupart du temps, des examens plus précis écartent toute inquiétude, s'agissant le plus souvent que de simples vérifications.

Cette échographie ne doit pas vous inquiéter, elle est au contraire un excellent moyen de vous rassurer, vous et le futur papa, et de prendre conscience que vous allez bientôt être parents.

Mes remarques

Collez ici la photo
de votre deuxième échographie

semaine

21

(SA 23)

date de début
de la semaine 21
29 août

Cette semaine ! Votre bébé, totalement formé, se développe rapidement au cours du deuxième trimestre. À la fin de ce trimestre vous aurez pris, en moyenne, entre 6 et 8 kilos. Vous vous arrondissez et l'on vous félicite pour vos belles formes !

À faire ! Sachez diminuer votre stress. Pas toujours facile de prendre du temps pour soi ! Vous avez besoin de repos pour évacuer le stress de la vie quotidienne. Un bain chaud vous délassera et libérera votre corps des tensions de la journée. Prenez du recul quand vous sentez que « ça monte » ! Relativisez et pensez à souffler et à vous isoler pour vous recentrer sur l'essentiel : votre grossesse. Une atmosphère détendue, une musique douce et votre main qui caresse votre ventre… Ainsi ressourcée, vous profitez des bonnes ondes de bébé.

Mes rendez-vous !

Mes questions / mes impressions / mes humeurs

Info grossesse Durant la grossesse, le corps de la femme est « immuno-déprimé », c'est-à-dire que l'effort fourni pour construire bébé est tel que les défenses immunitaires sont plus faibles. Même si la grossesse n'est pas une maladie, elle requiert cependant de porter une attention plus particulière à votre santé de femme enceinte afin de la préserver et de mener votre grossesse jusqu'à son terme dans les meilleures conditions. Restez attentive à votre état de santé général, physique comme psychique, signalez tout changement à votre médecin et, surtout, soyez à l'écoute de vous-même !

Nutrition L'ambiance des repas est très importante. Alors, oubliés les repas décalés où chacun mange de son côté, devant la télé ou l'ordinateur. Profitez de ces instants avec le papa et les enfants, si vous en avez déjà, pour vous retrouver et discuter ensemble de votre journée, de vos envies, de vos attentes et projets. Faites de vos repas un moment d'échange convivial et chaleureux avec de la bonne humeur !

le truc en plus !

Passez du temps avec vos vraies amies, celles qui sauront vous aider et vous réconforter dans vos moments de blues. Savoir bien s'entourer permet de se voir autrement, car le regard bienveillant et protecteur de ceux qu'on aime est incomparable pour remonter le moral fragilisé d'une femme enceinte.

DOSSIER Le choix du prénom !

> Le fait de connaître le sexe de votre enfant peut vous aider à penser à votre bébé comme à une personne et faciliter ainsi le choix de son prénom. Si vous êtes de celles qui préfèrent garder le mystère et avoir la bonne surprise avec la magie de la naissance, vous aurez alors à faire votre choix parmi deux listes de prénoms, l'une pour fille et l'autre pour garçon.

> Certains parents, qui connaissent déjà le sexe de leur bébé, attendent pourtant le tout dernier moment pour faire leur choix du prénom, car ils se disent que c'est en regardant leur enfant dans les yeux qu'ils sauront…

Ce qui est sûr, c'est que vous passerez de longs moments à discuter du choix du prénom !

> Certaines traditions familiales ou religieuses imposent le choix d'un prénom et les discussions conjugales et familiales tourneront beaucoup autour de ce prénom qui identifiera votre enfant tout au long de sa vie.

> Mois après mois, les listes vont se raccourcir, et les parents sont souvent fixés au troisième trimestre même s'ils ne le disent pas à leur entourage.

Prenez du temps pour choisir un prénom : votre enfant le portera toute sa vie et pensez que ce prénom sera aussi celui d'un adolescent et d'un adulte !

> Renseignez-vous sur sa signification, son origine, son orthographe…

> La mode ne doit pas être la seule influence pour votre choix. Un prénom qui vous parle et qui a du sens pour vous ou une histoire personnelle peut être une des raisons de ce choix qui reste intime.

Cote des prénoms, prénoms rares ou connus, fête et signification, fréquence : vous trouverez tout dans notre bible : *Prénoms !* Éditions Mango.

Mes idées de prénoms : ……………………………………………

……………………………………………

……………………………………………

……………………………………………

……………………………………………

Celles du papa :

Mon top 3 :

Pourquoi pas !

semaine

22

(SA 24)

date de début de la semaine 22

5 septembre

Cette semaine ! **C'est le moment de commencer les cours prénataux**. Toutes les maternités proposent ces séances de préparation à la naissance. Vous y parlerez de votre grossesse et de l'accouchement. Pendant ces séances, la sage-femme vous aidera à **prendre conscience de votre périnée**, vous apprendra à le contracter et à le relâcher. Le périnée est le muscle qui tient ensemble l'utérus, le vagin, le rectum et la vessie. **C'est lui qui va aider bébé à descendre dans le bassin**. Il est donc important de travailler ces muscles par des exercices d'assouplissement, en vue de l'accouchement, pour qu'ils soient plus toniques et facilitent le passage de bébé. Après l'accouchement, vous ferez une rééducation postnatale prise en charge par la Sécurité sociale.

À faire ! À chaque moment de la journée, que vous soyez en pleine activité ou non, cherchez la position la plus confortable pour vous.

Mes rendez-vous !

Mes questions / mes impressions / mes humeurs

....

....

....

....

....

....

....

....

....

Info grossesse Durant ce 5e mois, bébé bouge beaucoup : 20 à 60 mouvements par demi-heure ! Ces galipettes vont lui permettre de renforcer ses muscles, ses os, ses nerfs et ses articulations. Rassurez-vous : tant que ces petits mouvements, qui se ressentent parfois comme de grosses bulles, ne vous font pas mal, c'est que tout va bien pour vous et bébé.

Nutrition Si votre mari, ou compagnon, décide de vous concocter un dîner et vous prie de vous reposer, ne rechignez pas sous prétexte que vous avez trop à faire, profitez ! Ne vous privez pas de sorties, restos ou soirées sympas, vous n'êtes pas malade, juste enceinte… Surveillez votre alimentation, buvez des cocktails sans alcool et amusez-vous !

le truc en plus !

Si le reflet que vous renvoie le miroir vous angoisse chaque jour un peu plus, ne vous imposez pas cette séance quotidienne, mais prenez plutôt soin de votre corps qui change ! En le touchant, en vous massant, vous allez vous familiariser avec vos nouvelles courbes et apprendrez à mettre en avant ce qui vous avantage… **C'est un truc de pro** : toujours accentuer ce qui vous met en valeur et vous donne confiance en vous, cheveux, seins, mains, jambes, bouche… pour harmoniser l'ensemble de votre corps.

Notes

Le 6e mois

6e mois

Le 6e mois

Vous

Vous passerez votre quatrième examen prénatal obligatoire. Vous commencerez à préparer l'arrivée de bébé.

Bébé

À la fin du mois, il mesure 30 cm de la tête aux talons et pèse près de 1 kg. Bébé se concentre pour vous écouter et commence même à différencier votre voix et celle de son papa !

DOSSIER

Le quatrième examen prénatal obligatoire

Cet examen a lieu au cours du 6e mois.

Votre médecin effectue **un examen général et gynécologique.**

> Il examine votre col de l'utérus pour éviter un éventuel accouchement prématuré.

> Il vérifie aussi l'évolution du fœtus et vous fait écouter les battements du cœur de votre bébé.

> Il étudie le résultat de votre deuxième échographie.

> Il vous prescrit un test d'albumine et peut-être aussi un test d'O'Sullivan pour la recherche d'un éventuel diabète gestationnel.

Le test d'O'Sullivan

Au 6e mois, votre médecin vous prescrit un test pour s'assurer que vous ne faites pas de diabète gestationnel.
Vous devrez être à jeun et vous rendre dans un laboratoire d'analyses où l'**on vous donnera à boire de l'eau fortement sucrée** : 50 g de glucose. On prendra votre glycémie une heure après. Essayez de résister à la nausée si cela vous écœure, sinon vous devrez tout recommencer !

À savoir : chaque mois, votre poids et votre tension artérielle sont surveillés lors de l'examen prénatal. L'albumine et le glucose sont recherchés ainsi que la toxoplasmose.

Ce que j'ai ressenti, éprouvé...

Les questions à poser à mon médecin

Ne pas oublier !

semaine 23

(SA 25)

date de début
de la semaine 23

12 septembre

Cette semaine ! Bébé perçoit maintenant très bien les sons venant de l'extérieur. Quand vous êtes active la journée, les bruits familiers et vos mouvements le bercent, il en profite pour dormir. Et le soir, quand vous êtes détendue, il veut communiquer… Alors, n'hésitez pas à le caresser et à lui parler.

À faire ! Même si vous êtes en parfaite santé, pensez à bien respecter les rendez-vous de votre suivi prénatal ce trimestre. Ces examens médicaux sont très importants, chaque mois, pour surveiller votre santé et celle de bébé.

Mes rendez-vous !

Mon poids au début du mois :

Mes questions / mes impressions / mes humeurs

Info grossesse Votre rythme cardiaque s'accélère pour faire face à l'augmentation du volume sanguin qui s'est accru afin de former le placenta et d'oxygéner le fœtus. Votre cœur doit pomper et faire circuler dans votre corps 25 % de sang en plus que d'habitude. Préservez-vous ! Les énormes changements physiologiques et physiques subis par votre corps et les immenses efforts fournis pour fabriquer votre bébé vous épuisent. Mettez toutes les chances de votre côté en adaptant votre comportement quotidien à votre état de femme enceinte.

Nutrition Si l'allaitement est le meilleur moyen pour nourrir votre bébé, sachez qu'il est aussi le plus économique ! 1500 euros : c'est ce que coûtent les laits industriels, biberons, stérilisateur et autres accessoires nécessaires pour nourrir bébé pendant sa première année. Cette information vous permettra de prendre votre décision en connaissance de cause afin de prévoir ce budget si vous souhaitez donner le biberon à votre bébé.

le truc en plus !

Les tendons, ligaments et articulations s'assouplissent au cours de la grossesse, causant ainsi des tiraillements allant parfois jusqu'à une douleur aiguë dans la région de l'aine, de la vulve, sous le ventre, dans le bas du dos ou au niveau de la fesse (sciatique). **Le yoga, les massages et la natation offrent les meilleures solutions à ces douleurs diffuses**. Évitez de rester trop longtemps dans la même position, assise ou debout, et marchez régulièrement pour vous soulager.

semaine

24

(SA 26)

date de début
de la semaine 24
19 septembre

Cette semaine ! Vos seins se préparent à l'allaitement, ils sont de plus en plus tendus. Prêtez-y particulièrement attention, surtout aux produits d'hygiène que vous utilisez. Ils sont très sensibles. Et si ce n'est pas encore fait, commencez à vous « tartiner » de crème pour prévenir les vergetures et hydrater votre peau qui s'étire chaque jour un peu plus.

À faire ! Informez sans attendre votre sage-femme ou votre médecin en cas de : saignements, vomissements, douleurs abdominales, syncopes et étourdissements répétés, fièvre, rétention d'eau importante, absence de mouvements du bébé pendant 24 heures, soucis et angoisses profondes, instructions ou informations que vous n'avez pas bien comprises.

Mes rendez-vous !

Mes questions/mes impressions/mes humeurs

Info grossesse Les mouvements fœtaux sont importants, car ils sont l'une des meilleures façons d'évaluer le bien-être de bébé, pour vous comme pour l'équipe qui suit votre grossesse. Au fil des semaines, vous connaîtrez les habitudes de votre bébé et remarquerez ses réactions selon votre position ou les différents moments de la journée. Si vous notez des changements et que cela vous inquiète, n'attendez pas pour en parler à votre sage-femme ou votre médecin et ainsi vous rassurer.

Nutrition Il arrive que des crampes surviennent la nuit, ce qui vous réveille subitement, ou quand une position statique est maintenue. Ces crampes peuvent révéler une carence en calcium, magnésium ou potassium : pensez simplement à consommer davantage de produits laitiers et à enrichir de fruits secs, bananes et produits céréaliers votre alimentation quotidienne.

le truc en plus !

Vous recevez beaucoup de conseils de toute sorte pendant votre grossesse, acceptez-les avec gratitude, mais **faites le tri !** Vous avez vos convictions personnelles en matière d'éducation et vous seule serez la mère de cet enfant, alors ne gardez que le meilleur.

DOSSIER Le futur papa et sa femme enceinte !

> Dès le début de votre grossesse, il se peut que vous soyez déboussolée par l'attitude de votre homme parce qu'il ne se comporte pas vraiment comme le futur papa de votre enfant ou, du moins, pas comme vous l'espériez ! Mais sachez que lui non plus ne vous reconnaît plus ! Vous êtes heureuse en couple et cet enfant est le fruit de tant d'amour, vous dites-vous, comment peut-on déjà en arriver là ? **Vous n'avez pas la même vision des choses et encore moins de la grossesse.** Vos attentes ne rencontreront pas toujours ses préoccupations masculines, et même s'il essaie de faire de son mieux, le décalage entre vous peut s'installer. Sans aller jusqu'à la crise, vous vivrez plus ou moins « intensément » le passage de votre vie de couple à la vie de famille.

> Dans le couple, chacun a son petit domaine réservé, son espace bien à lui sur lequel n'empiète pas l'autre, c'est ce qui fait que ça fonctionne entre vous. Alors, on peut comprendre que votre moitié apprécie moyennement que vous vouliez tout remettre en cause dans ses habitudes. « Un enfant oui, mais on ne change rien pour l'instant, vous a-t-il dit ! On a encore le temps ! » La grossesse rend la femme plus fragile et plus sensible au monde extérieur, et votre compagnon est le premier à en faire les frais.

> Si certains hommes comprennent leur femme et l'aident à relativiser, il y en a qui se murent dans le silence ou s'échappent vers d'autres horizons parce que leur virilité est mise à rude épreuve et qu'ils s'interrogent autant que vous, sur leur capacité à être père très prochainement.
> Votre inquiétude permanente et votre obsession maternelle commencent peut-être à peser lourd et les discussions qui ne tournent qu'autour de bébé, votre ventre ou l'accouchement peuvent devenir un peu trop angoissantes pour lui !

> En effet, au cours de sa grossesse, la femme est très émotive, souvent dépassée, déprimée, coupable de ressentir **tous ces sentiments contradictoires** envers elle-même, ce bébé tant attendu et le futur papa, surtout quand celui-ci fait de son mieux pour répondre aux attentes de sa femme même si elles lui paraissent de plus en plus farfelues, voire incompréhensibles vu de son côté simplement masculin… Aussi, comprenez qu'il a le droit de parler d'autre chose avec vous, qu'il a aussi une vie, en dehors de celle de devenir et d'être papa, à laquelle il tient.

L'aider à devenir père

Ne lui forcez pas la main, il viendra spontanément vers vous si vous faites preuve de compréhension. S'il s'accroche à vouloir continuer à faire tout « comme avant » et surtout « comme si de rien n'était », laissez-lui le temps qu'il faut. Ses repères sont essentiels pour qu'il puisse se projeter dans sa nouvelle identité de père et vous accompagner sur ce chemin.

Mes notes

semaine

25

(SA 27)

date de début
de la semaine 25
26 septembre

Cette semaine ! Préparez la venue de bébé ! Plus vous anticiperez les détails concrets liés à l'arrivée de bébé et moins vous serez stressée par tout ce que vous devrez gérer. Le retour à la maison est, en effet, souvent éprouvant pour la jeune maman qui se sent débordée et doit tout assumer seule. Alors, commencez à vous organiser : un berceau ou un lit pour bébé, une table à langer, une poussette et de quoi le changer et le soigner sont le minimum indispensable…

À faire ! Une règle incontournable dans vos achats de matériel pour bébé : toujours vérifier que les normes de sécurité sont respectées, c'est-à-dire qu'il soit adapté et sécurisé aux normes françaises et européennes. Attention au matériel d'occasion qui n'est peut-être plus aux normes en vigueur. Privilégiez tant que possible le matériel neuf, car une poussette qui a déjà trop servi ou une table à langer bancale peuvent se révéler dangereuses et sont donc à proscrire.

Mes rendez-vous ! ………………………………………………

Mes questions/mes impressions/mes humeurs

....

....

....

....

....

....

....

....

Info grossesse Le cordon ombilical qui permet les échanges entre le fœtus et sa maman est en fait un câble cartilagineux de 1,5 à 2 cm d'épaisseur et de 50 à 60 cm de long en fin de grossesse. Ce cordon relie l'abdomen de bébé au placenta. À la naissance, quand on proposera au papa, s'il le souhaite, de couper le cordon, sa rupture amorcera le fonctionnement autonome des organes de bébé.

Nutrition Les réserves graisseuses qu'une femme enceinte accumule dans son organisme dépendent largement de la quantité de graisses et d'hydrates de carbone (composés de sucres simples - gâteaux, chocolat, boissons gazeuses - et de sucres complexes - féculents) qu'elle consomme tout au long de sa grossesse. La part des graisses représente 3 kg du poids total. 90 % s'accumulent en 7 mois pour disparaître avec l'allaitement. Au-delà, à peu de choses près, l'allaitement n'éliminera pas l'excès de graisses qui s'installera plus durablement.

le truc en plus !

Vous serez bientôt maman et vous vous demandez comment faire pour que tout se passe bien avec bébé ? Votre envie de réussir cette relation maternelle est une très bonne base pour y parvenir… Rassurez-vous la relation que vous avez avec votre bébé est un échange constant de sentiments et de ressentis. Vous l'aimez déjà et vous lui faites comprendre cet amour par l'attention que vous portez à votre grossesse.

Tout ce qu'il me faut pour accueillir bébé

Les essentiels

☐ **La poussette :** indispensable, choisissez-la selon votre mode de vie et votre budget, de la poussette de base à celle avec plusieurs positions d'inclinaison, à trois ou quatre roues, équipée ou non de nacelle et de siège… Elle doit être légère, maniable, robuste et déhoussable.

☐ **Le siège auto :** choisissez le siège 1er âge. Il doit être facile à installer et aux normes de sécurité.

☐ **Le Maxi-Cosi ®:** il vous rendra de réels services dès la sortie de maternité, de la voiture à la maison et lors de chaque déplacement avec bébé.

☐ **La table à langer :** stable et suffisamment équipée pour avoir tout sous la main, espace de rangement, **sans jamais quitter bébé des yeux**. On l'installe souvent dans la salle de bains, à proximité d'un point d'eau pour des raisons pratiques.

☐ **Le lit de bébé :** couffin, berceau ou lit pour votre bébé, l'important est qu'il soit aux normes de sécurité avec **un matelas ferme et adapté à la taille du lit ou du berceau**.

☐ **Le sac à langer :** pour les sorties, prévoyez un sac assez grand pouvant contenir couches, lingettes, un change complet, des bavoirs, une serviette et les biberons si nécessaire.

Les autres articles utiles

☐ **La baignoire :** la baignoire pour bébé, le coussinet-mousse ou le repose-bébé en plastique offrent confort et sécurité pour le bain. **Cela ne dispense pas de surveiller bébé constamment !**

☐ **Le transat :** il permet à bébé de se détendre tout en étant près de vous. Facilement transportable d'une pièce à l'autre. Ne laissez pas un nourrisson assis dedans plus de deux heures par jour.

☐ **Le porte-bébé :** c'est un agréable moyen de transport pour bébé comme pour maman, qui favorise le contact et vous permettra d'avoir les deux mains libres.

☐ **Un lit parapluie :** lit d'appoint, pratique à emporter.

Nourrir bébé

☐ **Le biberon :** il existe un choix important pour les tétines, silicone ou caoutchouc, vitesse fixe ou variable, plusieurs formes et tailles. Il vous faudra au moins 6 biberons.

☐ **Le chauffe-biberon :** il ne doit pas être encombrant. Vous pouvez opter aussi pour le réchauffage au micro-ondes ou dans une casserole d'eau !

☐ **Le stérilisateur :** il détruit les microbes avant l'utilisation du biberon et on s'en sert environ cinq mois. Pensez au goupillon pour une hygiène parfaite. Vous pouvez choisir entre stérilisation à la vapeur ou à froid. Avec l'allaitement maternel, un petit nombre de biberons suffit.

Habiller bébé

☐ **La layette :** pour les premiers jours de bébé à la maison, vous devez avoir 6 ou 7 pyjamas, bodys à manches longues ou courtes selon la saison et autant de brassières (laine ou coton pour l'été), des chaussettes, 1 bonnet. La plupart des nouveau-nés portent aisément la taille 3 mois. Évitez d'acheter la taille naissance qui ne servira pas ou à peine ! Les vêtements neufs doivent être lavés avant usage avec une lessive pour « peau sensible » sans ajouter d'assouplissant. Pensez aussi à la gigoteuse à manches longues ou courtes, aux moufles en hiver, aux bavoirs et aux vêtements pour ses petites balades, sans compter les indispensables paquets de couches !

Réconforter bébé

☐ **Le doudou :** vous pourrez lui en proposer mais, au final, c'est bébé qui le choisira. Pensez aussi à aménager l'environnement de bébé, de sa chambre à la salle de bains, en misant principalement sur la sécurité – le lit de bébé doit être gardé libre de tout accessoire ou décoration –, l'hygiène et le rangement.

☐ **Une tétine :** elle viendra compléter le trousseau de bébé pour les éventuelles petites crises ; elle est parfois bien utile, alors même si vous hésitez, achetez-en au moins une au cas où !

Autres achats

Le babyphone, la chaise haute, le robot ménager pour préparer les purées, le siège à vélo… s'avéreront utiles, mais vous pouvez attendre avant de les acheter. Vous ferez ainsi de meilleurs achats quand vous aurez une idée plus concrète de votre vie quotidienne avec bébé.

Achetez du matériel adapté et sécurisé aux normes françaises et européennes. Attention au matériel d'occasion qui n'est peut-être plus aux normes ! Vérifiez toujours la sécurité. Vous pouvez en plus combiner modernité et design, pour le bien-être de bébé et votre plaisir.

Mes notes

semaine

26

(SA 28)

date de début
de la semaine 26

3 octobre

Cette semaine ! Vérifiez auprès de la Direction des ressources humaines de votre entreprise la durée prévue de votre congé maternité et pensez à examiner le texte de votre convention collective. En effet, certaines conventions peuvent prévoir des congés de maternité plus longs et des indemnisations plus avantageuses que le droit commun.

À faire ! Faites attention à vos mouvements quotidiens pour ne pas amplifier votre posture de plus en plus « en avant » au fil des semaines.

Mes rendez-vous !

Mes questions / mes impressions / mes humeurs

....

....

....

....

....

....

....

....

....

....

....

Info grossesse Chaque année en France, il y a environ 10 000 naissances gémellaires. 3,5 % des naissances sont des naissances multiples – les jumeaux représentent 2 % des grossesses. 20 % des grossesses gémellaires ont lieu après un traitement contre l'infertilité. Les femmes de plus de 35 ans ont davantage de chance d'avoir des jumeaux.

Nutrition Les infusions et préparations bio ne sont pas forcément sans danger pour la grossesse sous prétexte qu'il s'agit de produits naturels ! Beaucoup de plantes médicinales sont déconseillées aux femmes enceintes. Ne prenez aucun remède, herbe aromatique ou vitamine sans l'avis de votre médecin, du pharmacien ou d'un spécialiste.

le truc en plus !

Rassurez votre aîné(e) sur l'amour que vous lui portez, qui est la seule base fondamentale de l'agrandissement de votre famille. Associez-le (la) à la venue du bébé dans le choix du prénom. Même si vous avez une idée bien précise, lui demander ce qu'il en pense l'aidera à concrétiser et à se sentir concerné.

Notes

Le 7e mois

7e mois

Le 7e mois

Vous

Vous passerez votre cinquième examen prénatal obligatoire et votre troisième et dernière échographie.

Bébé

À la fin du mois, il pèse 1,5 kg. Il ressent vos émotions, a un vrai rythme respiratoire et développe son sens du goût !

DOSSIER Le cinquième examen prénatal obligatoire

Cet examen a lieu au cours du 7e mois.

Votre médecin effectue **un examen général et gynécologique.**

> Il vérifie votre tension artérielle (recherche de toxémie).
> Il vous prescrit un test d'urine pour vérifier les albumines.
> Il vous rappelle de prendre rendez-vous pour **votre troisième échographie** : cette échographie doit être réalisée entre les 31e et 33e semaines d'aménorrhée, soit entre les 29e et 31e semaines de grossesse.
> Sachez que votre gynécologue peut vous prescrire des examens complémentaires au cours du dernier trimestre s'il le juge nécessaire.

> Malgré ses poumons immatures, **le fœtus est viable à ce stade de votre grossesse** depuis quelques semaines. En France, la viabilité fœtale est fixée à 22 semaines, c'est-à-dire que tout bébé né après cette date est considéré comme officiellement né.
> Le bébé pourrait survivre hors de vote utérus, grâce à un respirateur pour l'aider à s'oxygéner et grâce aux moyens actuels de la médecine néonatale.

> **> Après 26 semaines,** chaque jour en plus s'accompagne d'une amélioration de la maturité des poumons et diminue les autres risques.
> Alors, reposez-vous avant tout pour mener votre grossesse à terme et mettre toutes les chances du côté de bébé.

À savoir : chaque mois, votre poids et votre tension artérielle sont surveillés lors de l'examen prénatal. L'albumine et le glucose sont recherchés ainsi que la toxoplasmose.

Ce que j'ai ressenti, éprouvé... ....

Les questions à poser à mon médecin

Ne pas oublier !

semaine 27

(SA 29)

date de début
de la semaine 27

10 octobre

Cette semaine ! À ce stade de votre grossesse, **le volume de l'utérus commence à comprimer les organes abdominaux et à réduire la capacité de l'estomac**. Résultat, c'est tout le système digestif qui ralentit… Les aliments restent dans l'estomac et les intestins plus longtemps, ce qui favorise l'indigestion et provoque une sensation de lourdeur.

À faire ! Pensez à fractionner vos repas et à dîner légèrement pour éviter de longues digestions la nuit. Évitez aussi les aliments acides et épicés et parlez-en à votre médecin qui pourra vous donner un remède si cela s'avère trop inconfortable, voire douloureux.

Mes rendez-vous !

Mon poids au début du mois :

Mes questions / mes impressions / mes humeurs

....

....

....

....

....

Info grossesse Il vaut mieux un biberon donné avec plaisir et amour plutôt que le sein donné à contrecœur ! Vous ne devez pas céder à une mode, cela n'a aucune importance que votre meilleure amie ait allaité ses trois enfants ; prenez une décision, celle qui vous correspond et vient de l'intérieur et assumez-la. Vous avez jusqu'à la naissance pour vous décider. Beaucoup de femmes autour de vous vont vous donner leur avis, ne prenez que ce qui vous parle dans leur vécu. Votre relation avec votre enfant sera unique et le lien qui va se créer entre vous ne sera égal à aucun autre !

Nutrition Les acides gras essentiels (AGE), l'acide linoléique et l'acide alpha-linoléique (acides gras oméga-3) contribuent au développement du cerveau, du système nerveux et des fonctions visuelles de bébé. Pensez à les inclure dans votre alimentation quotidienne avec les huiles végétales de colza, de noix et d'olive, préférablement non chauffées, car la chaleur détruit leurs propriétés. Le beurre et les poissons gras en contiennent aussi : saumon, sardine, cabillaud, maquereau et flétan.

le truc en plus !

Ne « psychologisez » pas sur tout ce qui vous arrive pendant votre grossesse. Certains symptômes sont inévitables et liés directement à votre condition de femme enceinte. Ne niez pas vos angoisses, **livrez-vous à quelqu'un de confiance** mais n'interprétez pas tout en négatif – les vomissements pendant le premier trimestre ne signifient pas que l'on rejette bébé comme certains vous le diront – et n'analysez pas vos rêves comme des prémonitions infaillibles ! **Nous sommes toutes influençables** quant aux signes que l'on pourra saisir pendant ces neuf mois, mais nos interprétations sont bien souvent arbitraires et très subjectives.

semaine

28

(SA 30)

date de début
de la semaine 28
17 octobre

Cette semaine ! **Votre corps se prépare à l'accouchement**. La progestérone et la relaxine conjuguent leurs efforts pour distendre les ligaments et les articulations de la colonne vertébrale et de la région du périnée. Vous avez alors du mal à trouver une posture confortable, surtout quand le poids du bébé exerce une forte pression sur le bas du dos, affaiblit les muscles abdominaux, entraînant ainsi la colonne vers l'avant. Pour cette raison, il est important de renforcer vos muscles du dos par des exercices réguliers qui vous aideront à les fortifier et à améliorer votre maintien.

À faire !

Debout : adoptez une bonne position. Redressez-vous et ramenez les épaules en arrière. Pensez à ne pas rester debout trop longtemps.

Assise : asseyez-vous correctement. Les omoplates et le creux des reins doivent être placés contre le dossier et vos pieds reposer à plat.

En voiture : le siège doit soutenir le creux de vos reins et vous devez pouvoir manœuvrer facilement. La ceinture de sécurité est obligatoire.

Au repos : surélevez pieds et jambes pour atténuer la pression sur le dos et le bassin.

Mes rendez-vous !

Mes questions/mes impressions/mes humeurs

....

....

....

....

....

....

....

....

....

....

Info grossesse Vous devez essayer de trouver un certain équilibre dans vos journées sur le rythme qui vous convient le mieux. N'hésitez pas à faire des pauses qui vous permettront de vous ressourcer et de garder la bonne énergie dont vous avez besoin pour l'essentiel, c'est-à-dire vous et votre bébé !

Nutrition Pensez à décongeler complètement les produits surgelés et, lors d'une cuisson au micro-ondes, retournez vos aliments afin de les décongeler entièrement. Quand vous réchauffez au micro-ondes des aliments déjà cuits, vérifiez qu'aucune partie ne soit restée froide. Ne réchauffez pas deux fois un plat surgelé.

le truc en plus !

Les conseils de maman ou belle-maman sont souvent pleins de bon sens, il faut le reconnaître ! Elles ont élevé un ou plusieurs enfants et peuvent vous apporter une aide précieuse, leurs avis ne sont donc pas à mettre de côté simplement parce que cela vient d'elles ! Néanmoins, elles ont vécu leur grossesse à une autre période... Alors, si ces conseils vous exaspèrent ou vous paraissent complètement saugrenus, laissez-les de côté avec courtoisie et appliquez ceux qui vous aideront vraiment au quotidien.

DOSSIER La valise de bébé et de maman

Pensez à préparer votre valise à l'avance : mettez-y l'essentiel. En cas de départ précipité, vous serez plus sereine et pourrez vous concentrer sur bébé qui arrive.

Votre maternité vous donne une liste des affaires nécessaires et recommandées pour vous et bébé lors de votre séjour.

Pour bébé

Les vêtements :

> 5 ou 6 brassières en coton ou bodys
> 5 grenouillères
> 5 pyjamas
> Des chaussettes ou chaussons
> 1 bonnet
> 1 veste chaude
> 4 ou 5 bavoirs
> Un lange de coton

La toilette :

> 3 ou 4 serviettes de toilette (pour en avoir toujours une propre et sèche sous la main)
> 1 bande élastique pour le nombril (en pharmacie et grandes surfaces)
> 1 savon doux liquide hypoallergénique et au Ph neutre de préférence
> 1 brosse à cheveux aux poils souples
> 1 crème anti-rougeurs
> Sérum physiologique en dosettes

Les couches sont normalement fournies par la maternité (renseignez-vous lors de vos visites).

N'oubliez pas le doudou que vous avez choisi et la tétine.

À savoir : si vous hésitez à choisir des vêtements de taille « naissance ou 0 », privilégiez plutôt la majorité de sa garde-robe en 1 mois, voire 3 mois, car bébé va grandir très vite !

Pour maman

L'accouchement :

> Un grand tee-shirt, une chemise en coton grande taille ou une chemise de nuit en coton, une paire de chaussettes en hiver et un brumisateur
> Appareil photo et, éventuellement, musique et livre ou magazines

Le séjour à la maternité :

> 2 ou 3 chemises de nuit à ouverture sur le devant si vous allaitez (les pyjamas peuvent vous gêner à l'entrejambe en cas d'épisiotomie)
> Une robe de chambre, des pantoufles et des serviettes de toilette
> Une tenue si vous souhaitez vous habiller pour les visites
> Des culottes jetables
> Des serviettes hygiéniques très absorbantes
> Votre trousse de toilette habituelle et un peu de maquillage pour la bonne mine et les photos !
> Un sèche-cheveux (aussi utile pour sécher la cicatrice en cas d'épisiotomie)

Si vous allaitez : 3 soutiens-gorge d'allaitement (une taille au-dessus de celle que vous mettez les deux derniers mois de grossesse), des coquilles et coussinets d'allaitement, de la pommade, sans parfum et hypoallergénique, en cas d'irritation des mamelons.

Mes notes

semaine

29

(SA 31)

date de début
de la semaine 29
24 octobre

Cette semaine ! Les jambes lourdes constituent une véritable épreuve pour certaines d'entre nous pendant la grossesse, **surtout ce trimestre**. Vous pourrez prévenir cette gêne en prenant soin de vous avec des gestes qui vous aideront à soulager vos jambes. **Votre tenue vestimentaire est aussi importante** pour éviter les jambes lourdes. Privilégiez les vêtements amples, laissez de côté les chaussures à talons trop hauts ou trop plats et pensez à ne pas croiser les jambes.

À faire ! Pour garder des jambes légères : pensez à surélever les pieds de votre lit, à terminer votre douche par un jet d'eau froide, à éviter la station debout prolongée, à faire de la gymnastique douce, de la marche et de la natation. Supprimez les aliments épicés, car ils dilatent les vaisseaux sanguins.

Mes rendez-vous !

Mes questions / mes impressions / mes humeurs

Info grossesse Les hormones de grossesse favorisent l'assouplissement des articulations et des ligaments du bassin pour faciliter le passage de bébé. C'est pourquoi, moins stables, beaucoup de femmes enceintes ont tendance à se tordre les chevilles en marchant ! Redoublez de vigilance et pensez à regarder où vous marchez… Évitez de porter des talons hauts ainsi que d'écrire des SMS en marchant !

Nutrition Consommez des aliments frais afin qu'ils conservent leur apport maximal en vitamines et autres nutriments essentiels à la croissance de bébé. Renseignez-vous sur la provenance de chaque produit et assurez-vous que la chaîne du froid soit toujours bien respectée. Ne laissez pas traîner les aliments trop longtemps dans votre réfrigérateur.

le truc en plus !

Si vous devez partir quelques jours, voyage d'affaires ou week-end plaisir, une règle : **voyagez léger et pratique à ce stade de votre grossesse !** Placez quelques objets indispensables dans votre sac à main : lingettes, mouchoirs… et gardez toujours une bouteille d'eau à votre portée. Allégez votre bagage avec des kits de voyage : minidoses de maquillage, échantillons de gels douche, shampoing et produits cosmétiques en petits flacons… Prévoyez des vêtements légers et polyvalents dans une petite valise à roulettes avec la quantité juste nécessaire à votre séjour.

semaine

30

(SA 32)

date de début
de la semaine 30
31 octobre

Cette semaine ! **C'est la dernière échographie** pour s'assurer du bon développement de bébé. Si vous ressentez des contractions alors que vous êtes loin d'être à terme, vous devez vous rendre directement à la maternité. La sage-femme qui vous recevra vous fera une consultation, monitoring et examen du col, et appellera votre médecin pour l'informer de votre visite. Il ne faut pas vous inquiéter à la première contraction, mais mieux vaut réagir sans tarder si les contractions se font plus nombreuses à ce stade.

À faire ! Pour mieux dormir, allongez-vous sur le côté gauche de façon à éviter de faire pression sur la veine cave et placez un coussin sous votre genou droit. Calez votre ventre avec un coussin, voire un coussin de grossesse. Vous pouvez aussi dormir de trois quarts sur le ventre avec une jambe repliée jusqu'à votre accouchement. Bébé aura toujours assez de place dans votre ventre, bien au chaud dans sa bulle incompressible.

Mes rendez-vous ! ....

....

....

....

....

....

....

....

....

....

....

Mes questions / mes impressions / mes humeurs

Info grossesse Vous êtes prioritaire dans les files d'attente et les transports en commun. Faites-vous respecter et imposez-vous si les gens ne le font pas d'eux-mêmes, car rester debout à ce stade de votre grossesse augmente le risque de sciatique, varices, relâchement du col et maux de dos.

Nutrition Achetez vos fromages (pasteurisés) en grandes surfaces plutôt que sur les marchés ou à la ferme jusqu'à la fin de votre grossesse. Les contrôles d'hygiène y sont plus stricts et réguliers, et la chaîne du froid est mieux respectée.

le truc en plus !

N'hésitez pas à emprunter des vêtements de grossesse à votre sœur, une cousine ou une amie qui a eu un ou plusieurs enfants plutôt que de tout acheter… N'oubliez pas qu'il s'agit d'une garde-robe temporaire, alors prévoyez un petit budget.
Pensez à regarder les modèles dans les rayons sport, danse et femme grande taille. Achetez vos habits pour les trois derniers mois de grossesse en fonction de la saison.

DOSSIER La troisième échographie : l'échographie de « bien-être fœtal »

> L'échographie du troisième trimestre sert à s'assurer du bon développement de votre bébé *in utero*.

Cette échographie doit être réalisée **entre les 31e et 33e semaines d'aménorrhée (29e et 31e semaines de grossesse).**

> Cette dernière échographie obligatoire est aussi remboursée par la Sécurité sociale.

> Elle sert à déterminer la position du bébé, son poids, sa taille ainsi que l'emplacement du placenta.

> Tous les organes sont à nouveau passés en revue pour compléter l'échographie morphologique du 5e mois.

> L'échographe prend les mesures et vous donne notamment le poids estimé de votre bébé, pour dépister tout retard de croissance.

> Il s'attarde aussi sur chaque organe, cœur, cerveau… pour repérer une éventuelle malformation tardive.

> Il mesure le diamètre de sa tête pour s'assurer qu'une naissance par voie basse est possible. Il étudie aussi la présentation de bébé : tête en bas ou siège. Votre bébé s'est peut-être déjà retourné et mis en position tête en bas.

> Le médecin observe aussi la position du placenta pour s'assurer qu'il ne gênera pas l'accouchement.

> Enfin, grâce au doppler, le médecin regarde si le cordon ombilical et le placenta sont bien irrigués. Il mesure la vitesse de circulation du sang dans le cordon et dans le cerveau du fœtus.

> Votre médecin va aussi vérifier que bébé bouge bien en observant le mouvement de ses mains et les mimiques de son visage.

À savoir : il est maintenant difficile de voir bébé en entier, car il est trop grand !

Mes remarques ....

....

....

....

....

....

Collez ici la photo
de votre troisième échographie

Notes

Le 8e mois

8e mois

Le 8e mois

Vous

Vous serez en congé maternité. Vous commencerez à préparer votre valise et passerez votre sixième examen prénatal ! C'est aussi le moment de prendre rendez-vous avec l'anesthésiste.

Bébé

À la fin du mois, il mesure jusqu'à 45 cm de la tête aux pieds ! Il pèse de 2 à 2,5 kg et n'a plus beaucoup de place ; il va se retourner tête en bas pour prendre la bonne position !

DOSSIER

Le sixième examen prénatal obligatoire

Cet examen a lieu au cours du 8e mois.

Votre médecin effectue **un examen général et gynécologique.**

> Il vérifie la position de votre bébé, pour savoir si la présentation se fera par la tête ou par le siège, et la largeur de votre bassin.
> Il recherche les albumines et effectue un prélèvement vaginal pour vérifier l'absence de streptocoque.
> Il vous demande de prendre rendez-vous avec l'anesthésiste, examen qui est une des **visites médicales obligatoires du 8e mois**.

La consultation d'anesthésie

Au cours du 8e mois de grossesse, vous devez voir un anesthésiste même si vous ne souhaitez pas d'anesthésie péridurale.
Cette consultation avec un médecin anesthésiste permettra de compléter votre dossier du suivi de votre grossesse afin de bénéficier de toutes les informations vous concernant en cas de complications, même si elles restent rares, lors de l'accouchement, ou si une césarienne d'urgence s'avère nécessaire.

À savoir : chaque mois, votre poids et votre tension artérielle sont surveillés lors de l'examen prénatal. L'albumine et le glucose sont recherchés ainsi que la toxoplasmose.

Le rendez-vous avec l'anesthésiste

Il vous sera demandé un bilan sanguin pour la péridurale à faire dans un laboratoire. L'anesthésiste va procéder à un examen complet, notamment pour savoir si vous avez un terrain allergique ou asthmatique. Il vous demandera aussi si vous avez déjà été anesthésiée et si oui, dans quelles circonstances. Il examinera également votre dos et notera scrupuleusement toutes vos remarques et ses conclusions dans votre dossier.

L'anesthésie péridurale

Pendant l'accouchement, les douleurs existent et elles sont relativement intenses, surtout lors des derniers centimètres de dilatation du col et parce qu'avec la fatigue accumulée, la naissance de bébé vous semble bien trop longue… La péridurale reste alors le moyen le plus efficace pour enrayer ces douleurs. Elle est rarement contre-indiquée et peu risquée, même s'il faut savoir que cette technique de suppression de la douleur n'est pas sans conséquences sur le déroulement de l'accouchement ainsi que sur la santé de maman et de bébé.

> Lors des **séances de préparation à l'accouchement**, la péridurale y est largement abordée, alors n'hésitez pas à poser vos questions, à vous renseigner afin d'avoir un point de vue complet sur cette technique et de prendre votre décision en étant ainsi parfaitement informée.

Ce que j'ai ressenti, éprouvé...

Les questions à poser à mon médecin :

Ne pas oublier !

semaine 31

(SA 33)

date de début
de la semaine 31
7 novembre

Cette semaine ! Faites les exercices de Kegel. Le périnée joue un rôle très important pendant la grossesse, car c'est lui qui supporte le poids de bébé et de l'utérus. Ces exercices se pratiquent et se maîtrisent facilement et aident vraiment à surmonter les difficultés périnéales associées à l'accouchement. **À effectuer pendant la grossesse, un mois après l'accouchement et ensuite régulièrement en rééducation.**

À faire ! Assise ou debout, trois fois par jour, détendez-vous et contractez votre périnée, c'est-à-dire les muscles que vous utilisez pour retenir l'urine ou les selles en cas d'envie pressante. Maintenez la contraction 5 à 10 secondes, sans interrompre votre respiration ni contracter vos muscles abdominaux ou fessiers, puis relâchez 10 secondes. Répétez cet exercice quinze fois.

Astuce : pour ne pas oublier de faire ces exercices, pratiquez-les à un moment précis de votre journée afin qu'ils deviennent un automatisme !

Mes rendez-vous ! ....

....

....

....

....

....

....

....

....

Mon poids au début du mois :

Mes questions / mes humeurs / mes impressions

Info grossesse La consultation avec l'anesthésiste a généralement lieu au cours du 8e mois dans votre maternité.

Nutrition Pensez à boire régulièrement dans la journée et à prendre des petites collations équilibrées, car votre bébé puise dans vos ressources et vous avez besoin de toutes vos forces pour mener votre grossesse le plus loin possible, le but étant d'aller jusqu'au terme !

le truc en plus !

Reconnaître les muscles de votre périnée. Lors de la contraction du périnée, ce sont les muscles superficiels que l'on sent remonter. Le périnée superficiel est la porte d'entrée du vagin et le périnée profond est formé des muscles qui entourent le vagin.

Pour les muscles plus profonds, vous aurez la sensation d'un enroulement : assise, bien sur l'arrière des fesses, les jambes légèrement écartées pour ne pas solliciter les fessiers, en contractant vous ressentirez **un mouvement de vague** qui part de l'entrée du vagin et remonte vers l'ombilic.

semaine

32

(SA 34)

date de début
de la semaine 32
14 novembre

Cette semaine ! Le travail et l'accouchement sont certainement les plus gros bouleversements que votre corps va connaître dans votre vie. **Mettre au monde un enfant est comparable à une épreuve sportive de haut niveau !** L'effort fourni est colossal et le stress subi énorme. Vous l'affronterez et le vivrez d'autant mieux si vous vous y êtes préparée notamment en gardant la forme. Ce qui vous aidera aussi à retrouver la ligne après la grossesse.

À faire ! Des exercices réguliers pour le dos permettent aux muscles et aux ligaments du dos de s'étirer et de s'assouplir. Les exercices de bascule du bassin que vous enseignent les sages-femmes lors des séances de préparation à l'accouchement sont importants : pratiquez-les au quotidien pour vous soulager.
Exercice : allongez-vous sur le dos, les genoux pliés, rentrez les abdominaux, contractez les fessiers et pressez la courbe du dos sur le sol. Restez dans cette position 10 secondes puis relâchez lentement. Faites-le cinq fois et passez progressivement à dix.

Mes rendez-vous ! ....

Mes questions / mes impressions / mes humeurs

....

....

....

....

....

....

....

....

....

Info grossesse Votre estomac et les autres organes digestifs sont de plus en plus comprimés et la progestérone continue de relâcher les muscles intestinaux. C'est pourquoi les brûlures d'estomac, indigestions et la constipation sont plus fréquentes à ce stade de votre grossesse.

Nutrition Bébé prend de la place et vient comprimer votre estomac vers le haut. Pour éviter les aigreurs, prenez des repas légers, fractionnés, et mâchez lentement. Évitez de manger trop gras, trop assaisonné, trop épicé ou trop acide. Éliminez les boissons gazeuses et le café.
Un verre de lait avec un peu de pain ou un yaourt aident à neutraliser l'acidité gastrique. Ne vous allongez pas immédiatement après le repas.

le truc en plus !

La vie de couple n'est plus la même pendant la grossesse et quand, enfin, on se retrouve, il peut arriver qu'au moment crucial, certains hommes perdent leurs moyens quand d'autres se contentent du « vite fait, bien fait » pour accomplir le fameux devoir conjugal. Pas évident d'en parler, surtout que le moment venu, on n'a plus trop envie de discuter... À prendre avec beaucoup de tendresse et d'humour ou à laisser de côté. Sachant qu'après la naissance, ce ne sera pas top avant au moins six mois (au mieux). À vous de voir !

semaine

33

(SA 35)

date de début
de la semaine 33
21 novembre

Cette semaine ! Vous êtes en **congé maternité** ! Profitez-en pour vous reposer… tout en continuant à bouger ! En effet, une activité physique, adaptée à votre grossesse, vous assurera un meilleur sommeil et un calme intérieur grâce aux endorphines libérées pendant l'effort qui ont un effet analgésique et euphorisant.

À faire ! Pensez à organiser à l'avance votre départ pour la maternité afin que votre aîné sache où il sera exactement quand bébé va naître, ce qui va le rassurer : chez ses grands-parents, chez la nounou, avec ses cousins ou chez son meilleur ami… Bref, il doit le savoir pour visualiser et intégrer le fait que vous partirez quelques jours et reviendrez avec son petit frère ou sa petite sœur, ou les deux !

Mes rendez-vous !

Mes questions / mes impressions / mes humeurs

Info grossesse Environ 7 % des naissances en France sont prématurées : avant 37 semaines. Les bébés nés vers la 32e semaine ont 90 % de chances de survie et plus de 80 % d'entre eux n'auront aucune séquelle après quelque temps passé dans une unité de soins intensifs. Si vous perdez les eaux avant la 37e semaine ou que vous souffrez de douleurs abdominales, de saignements vaginaux ou de contractions utérines, contactez votre maternité sans attendre, une sage-femme ou un médecin vous examinera.

Nutrition Vos seins peuvent commencer à sécréter le colostrum, liquide jaune et épais particulièrement riche en éléments nutritifs, qui précédera le lait lors des premières tétées de bébé. Placez des coussinets de coton dans votre soutien-gorge pour éviter de tacher vos vêtements et prenez soin de vos seins très fragiles pendant toute la grossesse.

le truc en plus !

Choisissez toujours des tissus et fibres naturels **pour les vêtements de bébé**. Tous les habits doivent supporter le trempage, le lavage en machine et, éventuellement, le sèche-linge. Un nouveau-né n'a pas encore besoin de chaussures sauf pour les sorties; des chaussettes chaudes et douillettes conviendront très bien ! N'achetez pas de vêtement ou bonnet avec cordons, pompons pendants ou longues lanières. Et ne vous ruinez pas en achats de vêtements de petite taille, même s'ils sont craquants, car votre bébé va grandir très vite !

semaine

34

(SA 36)

date de début
de la semaine 34
28 novembre

Cette semaine Lors de ce trimestre peuvent apparaître des signes d'hypertension artérielle. **Restez attentive aux symptômes physiques inhabituels** entre deux consultations et signalez-les, même s'ils vous semblent anodins, tout comme les petits maux tels que : barre à l'estomac, maux de tête fréquents, bourdonnements d'oreille ou troubles de la vision... même passagers. Votre gynécologue saura prendre en compte ces désagréments liés à votre grossesse.

À faire ! Reposez-vous, car vous avez davantage de difficultés respiratoires. Il peut également vous arriver d'avoir quelques étourdissements ou vertiges si vous restez longtemps debout ou immobile. Vous constaterez aussi que vous vous essoufflez beaucoup plus vite... Alors, ménagez-vous !

Mes rendez-vous ! ....

Mes questions/mes impressions/mes humeurs

Info grossesse Le fœtus se développe au sein d'une poche parfaitement scellée et remplie de liquide amniotique qui protège bébé tout en l'abreuvant. Il lui procure une liberté de mouvements et lui permet de développer sa tonicité musculaire tout en le protégeant des coups et des chocs. Bébé y élimine ses déchets sous forme d'urine et de cellules mortes. Les reins de maman le filtrent continuellement durant la journée tout en le renouvelant régulièrement. En fin de grossesse, ce sont quelque 3 à 4 litres de liquide amniotique qui sont produits chaque jour !

Nutrition Kilos d'après… Les femmes gardent en moyenne 3 kg après leur accouchement. Cela reste une moyenne ! Environ 34 % des jeunes mamans retrouvent spontanément leur ligne après l'accouchement, 34 % gardent entre 2 et 4 kg, 15 % de 4 à 6 kg et 17 % plus de 6 kg… La graisse est localisée sur le ventre, les cuisses et les fesses. Cet excédent de poids ne semble pas être en corrélation avec le nombre de kilos pris pendant la grossesse !

le truc en plus !

Privilégiez des sous-vêtements 100 % coton pour vous, votre peau respirera beaucoup mieux. Moins irritant que les fibres synthétiques, **le coton est à favoriser, car il diminue les risques d'infections vaginales** plus courantes pendant la grossesse. En prévention, adoptez aussi des nettoyants sans savon et sans parfum pour l'hygiène intime.

Notes

Le 9e mois

9e mois

Le 9e mois

Vous

Vous passerez votre septième et dernier examen prénatal. Votre valise et l'équipement de base pour accueillir bébé sont prêts. Ce sont les derniers préparatifs avant l'arrivée de bébé.

Bébé

À la fin du mois, il mesure près de 50 cm de la tête aux pieds et pèse autour de 3 kg. Comme il grossit et descend, vos hanches s'élargissent. Les mouvements de bébé sont plus limités et il a hâte de vous rencontrer !

DOSSIER

Le septième examen prénatal obligatoire

Cet examen a lieu au cours du 9e mois.

Ce sont les mêmes examens qu'au 8e mois :

Votre médecin effectue **un examen général et gynécologique.**

> Il vérifie la position de votre bébé, pour savoir si la présentation se fera par la tête ou par le siège, et la largeur de votre bassin.
> Il recherche les albumines et effectue un prélèvement vaginal pour vérifier l'absence de streptocoque.

Le prélèvement vaginal

Cet examen est pratiqué à la fin de votre grossesse par votre gynécologue ou la sage-femme qui vous fera un prélèvement vaginal à analyser en laboratoire. C'est **un prélèvement bactériologique indolore** pratiqué avec une sorte de gros coton-tige que l'on passe au niveau du vagin. Il sert à vérifier que vous n'avez pas d'infection déclarée et à dépister la présence de certains germes plus ou moins dangereux pour bébé. **Grâce à cet examen, on peut prévenir les risques d'infections de votre bébé.** En effet, si un germe est dépisté, un traitement antibiotique vous sera donné durant le travail pour protéger votre bébé lors de sa naissance. Une façon supplémentaire de réunir toutes les conditions de santé pour vous et votre bébé et attendre sereinement la naissance.
Lors de cette dernière visite, votre médecin répondra particulièrement à toutes vos questions au sujet de l'accouchement, alors n'hésitez pas !

À savoir : chaque mois, votre poids et votre tension artérielle sont surveillés lors de l'examen prénatal. Albumine et glucose sont recherchés ainsi que toxoplasmose.

Ce que j'ai ressenti, éprouvé... ....

....

....

....

....

....

....

Les questions à poser à mon médecin

Ne pas oublier !

semaine 35

(SA 37)

date de début de la semaine 35

5 décembre

Cette semaine ! Si le médecin ou la sage-femme vous a prescrit le repos et des médicaments pour éviter un accouchement prématuré – votre col de l'utérus est ouvert ou trop mou –, **écoutez et suivez ces recommandations avec sérieux**. Restez allongée pour ne pas faire courir de risques à votre bébé en accouchant trop tôt d'un enfant fragile.

À faire ! La grossesse, plus difficile à supporter à ce stade, crée des soucis circulatoires et parfois des varices sur vos jambes.

Suivez ces conseils au quotidien :

– Portez des bas de contention et évitez les bas coupant la circulation sanguine à mi-jambe.

– Reposez-vous les jambes en l'air : cela aide à drainer le sang des veines des membres inférieurs.

– Évitez de croiser les jambes en position assise.

– Marchez à un bon rythme.

– Si vous êtes longtemps debout, pensez à basculer le poids du corps d'une jambe sur l'autre.

– Évitez les cires dépilatoires chaudes ainsi que les douches et bains trop chauds.

– Limitez votre prise de poids, car elle entraînera encore plus de pression sur vos jambes.

Mes rendez-vous !

Mon poids au début du mois :

Mes questions / mes impressions / mes humeurs

....

....

....

....

....

....

....

....

....

Info grossesse Bébé occupe maintenant tout l'utérus ! Vous le sentez davantage bouger, car il est à l'étroit. Ses sens se sont affinés : il entend les bruits, ouvre et ferme ses yeux et perçoit même les ombres et les lumières à travers la paroi de l'utérus. Il a un vrai rythme respiratoire et sa température se régule elle-même. Il développe son sens du goût, car le liquide amniotique prend la saveur de vos aliments. Le réflexe de succion est bien établi et il passe beaucoup de temps à sucer tous ses doigts !

Nutrition Bébé n'a pas encore achevé la calcification de ses os. La vitamine D, qui favorise l'absorption du calcium, lui est encore très utile. Mangez des aliments qui en contiennent : les poissons gras tels que sardine et maquereau, les produits laitiers, les œufs et le foie.

le truc en plus !

Si ce n'est pas encore fait, choisissez le prénom de votre enfant, en pensant qu'il le portera toute sa vie ! Renseignez-vous sur sa signification, son origine sans vous laisser influencer par la mode. Préférez un prénom qui vous parle, qui a du sens pour vous ou une histoire... Cote des prénoms, prénoms rares ou connus, fête et signification : vous trouverez tout dans **notre bible : *Prénoms !*, Éditions Mango**.

semaine

36

(SA 38)

date de début
de la semaine 36
12 décembre

Cette semaine ! **L'équipement de base pour accueillir bébé.**

– Landau ou poussette permettant à bébé d'être allongé avec housse anti-pluie.

– Siège porte-bébé type Maxi-Cosi® ou couffin.

– Lit pour bébé avec matelas neuf.

– Siège auto à installer face à l'arrière.

– Table et matelas à langer.

– Biberons et tétines à faible débit avec matériel de stérilisation.

À faire ! Vérifiez que le matériel est homologué avec la norme NF pour la sécurité de bébé. Choisissez un landau-poussette très maniable, léger et surtout facile à plier et à ranger ! Pour le confort de bébé, il doit être évolutif et s'adapter à l'âge, du nouveau-né jusqu'au petit enfant qui marche, et vous ferez ainsi de vraies économies.

Mes rendez-vous !

Mes questions/mes impressions/mes humeurs

Info grossesse L'adrénaline que vous sécrétez quand vous êtes stressée ou lors d'émotions intenses traverse la barrière placentaire et atteint bébé. Elle stimule son rythme cardiaque indûment. Alors, pour votre bien-être à tous les deux, sollicitez l'aide du papa, de vos amis ou de vos proches afin de réduire les causes de stress pendant la grossesse. Entourez-vous des bonnes personnes qui dégagent une énergie positive et laissez les autres de côté !
Vous avez besoin de bien-être et de détente.

Nutrition À ce stade de la grossesse, 2200 à 2250 calories vous permettront de couvrir tous vos besoins nutritionnels et ceux de bébé.

le truc en plus !

Pour la maternité, même si vous accouchez en été, prévoyez un ou deux vêtements plus chauds, car un nouveau-né est très sensible aux changements de températures, et préférez le coton au synthétique pour son confort. Vous devrez changer bébé plusieurs fois par jour, alors prévoyez large ! **Et ne vous angoissez pas à l'idée d'avoir oublié quelque chose**, le papa et vos proches pourront vous apporter ce dont vous avez besoin.

DOSSIER

Quand partir à la maternité ?

Votre ventre que vous trouvez énorme, l'inconfort que vous ressentez, l'envie de voir enfin votre bébé... voilà qui vous convainc que l'accouchement est imminent !

> Le travail peut maintenant se déclencher à tout moment, au beau milieu de la nuit comme en pleine journée. Il est donc important que vous vous sentiez prête pour le grand jour.

> Préparez-vous en gardant votre calme et concentrez-vous sur votre corps qui commence le travail pour vous laisser guider vers l'accouchement qui progresse et la naissance de bébé.

> Lorsque vous commencez à ressentir des contractions, votre ventre se durcit à intervalles réguliers. C'est **le muscle de l'utérus qui se contracte pour commencer à faire descendre le bébé**. Ces durcissements sont d'abord indolores puis vous font de plus en plus mal de façon régulière : **c'est le travail qui a commencé**.

> **Chronométrez l'intervalle entre les contractions :** toutes les 20 minutes puis toutes les 10 minutes. Attendez aussi que chaque contraction dure au moins 30 secondes avant de partir pour la maternité. En effet, il arrive que l'on passe par une phase de contractions douloureuses suivie par d'autres moins intenses.

Le faux travail : c'est une sorte de répétition générale quelques jours avant l'accouchement. Les contractions commencent, elles se rapprochent, elles peuvent même être régulières et persistantes, et d'un coup, tout s'arrête. Votre corps est redevenu calme. Informez votre médecin ou la sage-femme qui vous conseillera sur le moment pour vous rendre à la maternité. Il se peut alors qu'une sage-femme vous examine et vous renvoie chez vous. C'est que vos contractions ne sont pas encore efficaces et que le col n'a pas commencé à se modifier.
Un bain chaud vous apaisera et calmera les contractions si vous n'avez pas perdu les eaux. Si le cœur vous en dit, marchez tout doucement au bras du papa : la marche favorise la descente de bébé dans le bassin ainsi que l'effacement et l'ouverture du col.

> **Si vous attendez votre deuxième ou troisième enfant**, ou plus, partez pour la maternité dès que vous avez des contractions espacées régulièrement de 5 minutes ou moins pendant plus de 1 heure.

> Rendez-vous immédiatement à la maternité, après en avoir informé les sages-femmes, s'il y a rupture de la poche des eaux avec une perte importante de liquide amniotique et/ou perte de sang.

Dès que vous êtes inquiète ou avez un doute sur ce qui se passe dans votre corps, que ce soit sur l'intensité des contractions comme sur les mouvements de bébé, appelez votre sage-femme ou la maternité, quelle que soit l'heure du jour ou de la nuit, sans aucune crainte de les déranger. L'équipe médicale est là pour cela et pourra vous aider et vous rassurer afin de garantir votre sécurité et celle de votre bébé.

Mes notes

semaine

37

(SA 39)

date de début de la semaine 37

19 décembre

Cette semaine ! **Que faire avant le départ pour la maternité :**

– **Préparez la chambre de bébé**, ses vêtements et le matériel indispensable dès le retour.

– **Remplissez le congélateur** de plats tout prêts, concoctez soupes, quiches, tourtes… pour les premières semaines suivant le retour à la maison et faites des courses d'avance.

– **Prévoyez le mode de garde** de votre (vos) aîné(s) quel que soit le moment où vous accoucherez, même la nuit, afin de savoir qui le(s) gardera lors de votre départ pour la maternité.

– **Sachez qui vous emmènera** si le papa n'est pas là, car vous ne pourrez pas conduire.

– **Si votre budget le permet**, prévoyez une aide-ménagère à votre retour pour 1 mois au moins ou demandez à un proche de vous aider après la naissance, surtout en cas de césarienne.

À faire ! En collant son oreille contre votre ventre, papa peut sentir les mouvements respiratoires de bébé ! Invitez-le à partager ces moments avec vous, il prendra ainsi mieux conscience de ce petit être qui arrive… Si vous avez des enfants, laissez-les exprimer ce qu'ils ressentent tout en parlant avec bébé s'ils en ont envie : ils seront ravis qu'il leur réponde par des petits coups de pied !

Mes rendez-vous !

Mes questions/mes impressions/mes humeurs

Info grossesse À partir de 40 ans, des examens complémentaires et des conseils appropriés vous sont prodigués depuis le début de votre grossesse pour limiter les risques et complications encourus. Diabète gestationnel, hypertension artérielle, pré-éclampsie ou naissance prématurée, plus fréquents, nécessitent un suivi particulier.

Nutrition L'allaitement contribue à diminuer le risque d'obésité. De nos jours, 15 % des enfants âgés de 6 à 12 ans sont en surpoids en France. Le risque de devenir un adulte obèse est de 50 à 70 % si l'obésité apparaît dans l'enfance.

le truc en plus !

Sollicitez vos amies... Rien de mieux que la solidarité entre femmes enceintes et jeunes mamans. Ces dernières savent par quoi vous êtes passée et ce que vous devrez surmonter, organiser et gérer dès l'arrivée de bébé... **Si votre budget est serré, faites marcher votre réseau d'amies** ayant des enfants en bas âge. Ainsi, elles pourront vous prêter vêtements et accessoires de naissance et vous pourrez également échanger plutôt que de tout acheter.

semaine

38

(SA 40)

date de début
de la semaine 38
26 décembre

Cette semaine ! **Comment identifier les signes du travail ?**

Ces signes annoncent le début du travail. Vous ne les aurez pas forcément tous ni dans un ordre précis :

– Vous avez des contractions régulières toutes les 15 minutes environ : notez-les.

– Vos contractions se prolongent, s'intensifient et se rapprochent.

– En marchant ou en changeant de position, les contractions persistent.

– Vous ressentez des douleurs dans le bas du dos plutôt que dans le bas de l'abdomen.

– Vous perdez un liquide : rupture de la poche des eaux.

À faire ! Chronométrez la durée et la fréquence de vos contractions et informez-en votre sage-femme ou l'équipe de la maternité.

C'est l'association de la douleur et des contractions de plus en plus fortes et régulières qui indique le véritable commencement du travail. Dans ce cas, les contractions sont habituellement : régulières, de plus en plus intenses, plus longues, plus rapprochées les unes des autres, de plus en plus douloureuses.

Mes rendez-vous !

Mes questions/mes impressions/mes humeurs

....

....

....

....

....

....

....

....

....

....

Info grossesse À votre arrivée à la maternité, vous serez prise en charge par une sage-femme qui procédera de cette façon :
- Prise de la tension artérielle.
- Vérification de votre température et de votre pouls.
- Toucher vaginal pour mesurer la dilatation du col et la souplesse du périnée.
- Monitoring pour enregistrer les contractions de l'utérus et les battements cardiaques de bébé.
- Analyse d'urine pour rechercher la présence de sucre et d'albumine.

Nutrition Si vous ressentez les premiers signes de l'accouchement, reposez-vous et mangez des aliments énergétiques : le travail pourra démarrer à n'importe quel moment et vous devez conserver toute votre énergie. Il peut se passer plusieurs heures avant le déclenchement réel de l'accouchement.

le truc en plus !

Si vous souhaitez avoir **l'analgésie péridurale**, vous aurez le temps de la demander en arrivant à la maternité. Vous pouvez très bien prendre le temps de vivre la période de prétravail au calme à la maison **en vous concentrant pour garder votre énergie en vue du travail** et vous préparer ainsi à accoucher en toute quiétude.

DOSSIER Le déroulement de l'accouchement

Mieux vous saurez ce qui vous attend – d'autant si c'est votre première grossesse – et moins vous serez inquiète. Vous pourrez ainsi supporter les douleurs, les contractions, car vous serez plus confiante. **Ces contractions, bien que douloureuses, ne sont pas permanentes et sont utiles et efficaces, car elles ouvrent le passage à votre bébé.** Chaque contraction pousse un peu plus bébé vers la sortie.

À votre arrivée à la maternité, vous serez examinée par la sage-femme qui, selon l'état de votre col, vous orientera ou non en salle de pré-travail. Pendant cette phase, vous pourrez peut-être vous lever, voire même marcher, pour faciliter et faire progresser le travail et préparer ainsi le col de l'utérus afin qu'il se modifie.

Les 4 étapes de l'accouchement :

1. La dilatation du col : le col de l'utérus se dilate jusqu'à 10 cm, en moyenne 1 cm par heure.

2. L'engagement : le bébé a franchi le col et s'engage dans le bassin.

3. L'expulsion : voici le moment de pousser, c'est la phase de naissance du bébé.

4. La délivrance : l'expulsion du placenta a lieu 10 à 20 minutes après la naissance, jusqu'à 1 heure.

1. La dilatation du col

Pendant le travail, une sage-femme vient régulièrement vous examiner pour mesurer l'ouverture du col. Elle va ainsi constater la progression du travail pour agir en conséquence.

Le travail peut être déclenché par plusieurs facteurs : un rapport sexuel, la perte de la poche des eaux ou un examen de fin de grossesse. Ces différents facteurs peuvent déclencher la libération de prostaglandines par des membranes situées au niveau du col, entraînant une modification de celui-ci, des contractions utérines et la distension musculaire de l'utérus dont les fibres musculaires sont plus excitables.

Évitez de suivre le tracé des contractions sur le monitoring ! Détendez-vous plutôt au maximum entre deux contractions, sinon, surveiller chaque contraction risque de vous crisper encore plus ! Votre conjoint peut cependant vous prévenir quand la contraction suivante arrive afin de vous préparer et d'adapter votre respiration.

La douleur est inégale selon les femmes, la position, la taille du bébé et la vitesse de dilatation. L'important est de rester concentrée afin de ne pas se laisser surprendre par la douleur. Vous sentez monter la contraction qui atteint un pic puis s'estompe comme une vague… Pour faire face à la douleur :

> Utilisez les techniques de respiration que vous avez apprises pendant vos séances de préparation à l'accouchement.

> Prenez les choses par étapes, une contraction à la fois.

> Cherchez des positions différentes pour soulager la douleur.

> Concentrez-vous quand la contraction arrive en visualisant une image agréable, toujours la même, qui vous aidera à tenir la douleur à distance.

La péridurale

Si vous le souhaitez, vous pourrez avoir une péridurale qui insensibilisera la moitié inférieure de votre corps. Beaucoup de maternités s'adaptent maintenant à la demande des femmes pour leur poser la péridurale quand elles le souhaitent. Informez-en la sage-femme à votre arrivée.

2. L'engagement

Une fois que vous serez prête à accoucher, la sage-femme **vous installera dans la salle d'accouchement**, où vous trouverez une table d'accouchement – un fauteuil divisé en trois parties, de façon à vous installer correctement –, mais également des appareils de transfusion et de monitoring.

Deux capteurs seront disposés sur votre ventre : l'un pour écouter les battements du cœur de bébé et l'autre pour surveiller vos contractions. On vous posera une perfusion pour vous hydrater et vous injecter du sérum de glucose destiné à vous permettre un effort prolongé.

On vous positionnera ensuite les jambes sur des étriers et vous aurez ainsi les talons bloqués par des cale-pieds pour votre confort. Cette position permettra d'optimiser l'ouverture de votre bassin et de votre périnée afin de faciliter le passage de bébé.

Quand le col est arrivé à dilatation complète, le bébé peut s'engager dans le bassin.

3. L'expulsion

Après la phase de travail débute **la phase d'expulsion** : c'est le moment où le bébé descend vers le bassin de la mère et vient poser sa tête contre le périnée. Les tissus vont ensuite se distendre doucement et la sage-femme commencera alors à vous demander de pousser. Elle vous aide toujours de la voix et vous encourage ; elle aperçoit le sommet du crâne de votre bébé et va guider sa tête. Cette phase dure environ 20 minutes et il vous faudra donner toutes vos forces en poussant pour aider votre bébé à sortir. **Votre conjoint ou la personne qui vous accompagne joue un rôle important à ce stade** en vous soutenant physiquement. Ses mots d'encouragement sont précieux pendant ce moment très intense de la naissance.

Votre bébé va alors prendre son premier contact avec l'oxygène, qui lui permet d'émettre son premier cri, et juste après on vous le posera sur le ventre pour un moment magique !

Enfin, le cordon est coupé – par le papa à qui on le proposera ou par la sage-femme – et votre enfant fait alors officiellement partie de votre famille !

4. La délivrance

Vient ensuite le moment de **la délivrance** car une fois que votre bébé est né, il reste à expulser le placenta. Environ 20 minutes après la naissance, quelques contractions l'expulseront.

La sage-femme note l'heure exacte de la naissance de votre bébé qui sera inscrite sur son acte de naissance.

Un pédiatre ou la sage-femme va ensuite effectuer les premiers soins de votre bébé, évaluer les réflexes standards du nouveau-né et faire les tests d'observation, le temps qu'éventuellement l'obstétricien vous recouse en cas d'épisiotomie.

Et le meilleur est gardé pour la fin, lorsque l'on vous laissera enfin vous reposer deux heures, si possible en tête à tête avec votre enfant dans un peau contre peau inoubliable, qui offre aussi le moment tant attendu de la première tétée…

semaine

39

(SA 41)

date de début
de la semaine 39
2 janvier

Cette semaine ! Les différentes phases de l'accouchement. Pour un premier enfant, voici comment se déroule un accouchement normal en 4 étapes :

1. La dilatation du col : le col de l'utérus se dilate jusqu'à 10 cm pour laisser passer bébé, en moyenne 1 centimètre par heure au début de la dilatation.

2. L'engagement : le bébé a franchi le col et s'engage dans le bassin.

3. L'expulsion : voici le moment de pousser, c'est la phase de naissance du bébé.

4. La délivrance : expulsion du placenta 10 à 20 minutes après la naissance, jusqu'à 1 heure.

À faire ! Si vos contractions sont régulières et douloureuses ou que la poche des eaux s'est rompue, c'est le signe du départ pour la maternité. Vous pouvez, si vous avez perdu les eaux, prendre une douche avant de partir mais pas de bain, en raison des risques d'infection. N'oubliez pas de mettre dans un sac votre portable, vos papiers, votre dossier avec vos derniers examens. Ajoutez-y votre trousse de toilette et un brumisateur pour vous rafraîchir ainsi qu'un long tee-shirt pour l'accouchement. Et confiez l'appareil photo au papa.

Mes rendez-vous ! ....

Mes questions / mes impressions / mes humeurs

....

....

....

....

Info grossesse Pour leur premier bébé, 71 % des femmes ont une épisiotomie. Ce geste médical facilitera le passage de bébé pour votre sécurité à tous les deux. Cette incision chirurgicale du périnée évite un déchirement au moment du passage de bébé. Elle est indolore mais la cicatrisation peut s'avérer désagréable. La sage-femme pratique cette incision si le périnée est résistant, si vous avez un gros bébé ou s'il est nécessaire de précipiter l'expulsion. La césarienne, elle, concerne 20 % des naissances en France. C'est une opération qui a lieu au bloc opératoire, sous anesthésie péridurale ou générale, que les médecins décident de pratiquer afin d'éviter tout risque pour l'enfant et la mère. De nos jours, c'est une intervention parfaitement maîtrisée effectuée par un chirurgien expérimenté.

Nutrition Buvez et hydratez-vous souvent mais ne mangez pas si vous êtes en phase de travail, car les contractions appuient sur l'estomac et vous feront rejeter votre repas.

le truc en plus !

Vous avez mené votre grossesse jusqu'au bout et avez su vous préserver et **prendre soin de vous et de votre bébé, ce qui était l'essentiel...**
À votre retour, vous devrez récupérer de l'accouchement et reprendre des forces, alors n'hésitez pas à déléguer. Le premier mois, tâches ménagères et courses ne devront pas être votre priorité, car le rythme avec bébé est épuisant de nuit comme de jour.
Anticipez votre retour en prévoyant un mois de couches premier âge, lingettes pour peau sensible, produits pour l'hygiène de bébé au Ph neutre et sans parfum ainsi que serviettes hygiéniques pour vous.
Vous serez bientôt tournée vers l'avenir et votre relation avec votre bébé sera unique ! Surtout, profitez des derniers instants de votre grossesse pour vous détendre au maximum et vous préparer psychologiquement à votre prochain rôle de maman...

DOSSIER L'allaitement

L'allaitement est un très bon choix pour votre bébé. Le lait maternel est le plus naturel et le plus adapté au bien-être et à la croissance d'un nouveau-né. Riche en nutriments essentiels, il permet de protéger bébé contre les infections et allergies.

La première tétée

Il est conseillé de débuter l'allaitement le plus tôt possible après l'accouchement.
L'important est que vous et votre bébé soyez installés bien confortablement lors de la tétée. Amenez la tête de votre bébé vers le sein sans vous pencher au-dessus de bébé. Il existe de nombreuses postures pour allaiter votre enfant, la plus pratiquée étant la position transversale, très pratique. Lorsque vous présentez le sein droit, vous soutenez bébé du bras gauche, la tête étant retenue par la main gauche. Placez votre main droite sur le sein droit en évitant de toucher la partie foncée entourant le mamelon (l'aréole) qui sera en contact avec la bouche de bébé. Pensez auparavant à vous laver les mains.

À quelle fréquence allaiter votre bébé ?

Ce qui compte, c'est que bébé soit satisfait. Plus le bébé tète, plus il stimule la production de lait. Mettez-le donc au sein dès la naissance et le plus souvent possible, les premiers jours. Évitez les biberons de complément sauf sur avis médical.

La montée de lait

La montée de lait a lieu le troisième jour. L'écoulement du lait s'enclenche dès que bébé commence la succion. Le lait coule goutte à goutte, même du sein non utilisé. Ce réflexe d'écoulement facilite la tâche de votre bout d'chou. Sachez que du lait peut même s'écouler lorsque vous entendez bébé pleurer ou que vous pensez à lui ! Parfois, le lait coule trop vite et peut gêner votre enfant. Dans ce cas, vous pouvez exercer une pression manuelle juste avant la tétée.

Combien de temps peut durer l'allaitement ?

Plus vous allaitez, plus la production de lait est importante. La fréquence des tétées favorise la production de lait. Votre bébé n'a pas besoin d'aliments solides avant 4 à 6 mois. Il est important de vous reposer, de prendre du temps rien que pour vous et de bien vous alimenter pour répondre aux exigences de votre enfant.

Saviez-vous que la composition de votre lait n'est pas constante ?

En effet, celle-ci évolue au cours de la croissance de bébé et même au cours de la tétée. Plus votre bébé grandit, plus ses besoins sont différents.
Pendant deux jours, votre bébé tète le colostrum. Ce lait jaune est très dense, riche en graisses, protéines, glucides et minéraux tels que le calcium et le magnésium. Il contient également une grande quantité d'anticorps contre de multiples infections.

D'abord jaune d'or, le lait devient moins épais au bout de trois à quatre jours et évolue vers une couleur blanc orangé ; il est maintenant riche en sucres et graisses.
Après trois semaines d'allaitement, vous donnez à bébé un lait dit « mature », plutôt bleuté, dont la composition est plus riche en graisses le matin.

Quel régime alimentaire pour la maman qui allaite ?

Adoptez une alimentation équilibrée et riche en calcium : fruits et légumes, protéines végétales et animales, céréales complètes, produits laitiers allégés en matières grasses et légumineuses. Outre les produits laitiers, pensez aux autres nombreuses sources de calcium telles que le brocoli, les poissons en conserve comme les sardines ; le tofu, les graines de sésame et les figues sèches. Évitez bien entendu la caféine, l'alcool, le tabac et autres drogues dites « douces » qui passent dans le lait maternel en altérant sa qualité puis dans l'organisme de votre bébé. De plus, elles font baisser la production de lait.

Les règles d'or pour un bon allaitement :

1. Installez-vous confortablement pour allaiter bébé, bien calé contre vous, les yeux dans les yeux. Vous devez être à l'aise, détendue, et ne consacrer ce moment qu'à bébé.
2. Bébé tétera facilement si vous le guidez doucement, en prenant votre temps et en le rassurant.
3. Titillez les lèvres de bébé avec votre petit doigt, il ouvrira la bouche, car le réflexe de succion est un réflexe primaire.
4. Ne vous posez pas la question de savoir s'il a pris assez – si vous doutez, bébé le ressent –, essayez à un autre moment, car bébé doit trouver son rythme.
5. Parlez à votre bébé, dites-lui ce que vous ressentez et détendez-vous, ce moment doit être agréable pour vous deux : soufflez, respirez et profitez !
6. N'utilisez les biberons de complément qu'en tout dernier recours et pas le premier jour, car bébé n'a pas d'effort à faire avec un biberon, il choisira donc le plus facile et acceptera moins facilement le sein.
7. Prenez soin de vos seins en portant un bon soutien-gorge d'allaitement.

Mes notes

Le retour à la maison

Le jour J est arrivé, vous voilà de retour à la maison avec votre bébé. Une nouvelle vie commence ! Mais avec ce nouveau départ, le doute commence à s'installer…

Serai-je une bonne mère ?

À peine sortie de la maternité et très vite plongée dans la réalité quotidienne, il est possible que, comme de nombreuses mères, vous vous sentiez débordée par les événements. Eh oui ! Il n'est pas évident de se retrouver seule à la maison avec ce bébé que l'on n'est pas encore sûre de connaître et toutes les appréhensions qui vous gagnent.

Rassurez-vous, il n'y a rien de plus normal !

Le court séjour à la maternité ne permet pas, le plus souvent, d'installer un équilibre suffisant dans la relation avec son bébé, car jeune maman, vous réalisez soudain que tout repose sur vous et que c'est vous que l'on jugera en premier lieu !
Pourtant, malgré vos craintes, **vous vous en sortirez bien mieux que vous ne le pensez !**
La souffrance liée à l'accouchement, la fatigue physique et morale sont généralement les facteurs amplifiant cet état de stress et d'inquiétude à propos de vos qualités maternelles.

« Et si je n'y arrivais pas ? »

Avec cette question récurrente, c'est un sentiment d'incapacité, d'abandon qui peut envahir la mère quand elle ne sait plus comment calmer son enfant, le distraire, le sécuriser.

Les nouveau-nés sont de véritables éponges qui absorbent tout ce ressenti maternel et le renvoient, amplifié à leur mère.

Il est maintenant établi que, pendant la grossesse, il existe une communication intense entre vous et votre enfant. En effet, durant toute cette période, votre bébé n'est pas passif, bien au contraire, et communiquer avec lui pendant la grossesse a contribué à développer le lien parents-enfant à venir. Ceci simplement parce qu'un bébé, avant même de naître, est pris dans le langage à travers les paroles de ses parents qui parlent de lui à leur entourage, l'ont déjà prénommé et l'ont donc intégré à leur quotidien.

La culpabilité maternelle

Tous vos actes sont représentatifs de la place que vous accorderez à cette transmission maternelle. Toute mère a parfaitement conscience que l'éducation d'un enfant n'est pas toujours chose facile – et elle tâche de s'y préparer au mieux pendant la grossesse –, mais l'ignorance des implications psychiques de son vécu sur cette relation en devenir la culpabilise souvent dans son idéal de mère
Comment affronter le fait qu'un enfant ne réagisse pas comme on l'attendait et que le seul langage qui s'établisse soit l'incompréhension ? Il est normal que, comme chaque mère, vous vous retrouviez, à un moment donné dans les premières semaines suivant la naissance, tourmentée par l'image que vous donnez à voir, ne serait-ce qu'au père et au reste de la famille qui observent les réactions de votre bébé.

Ayez confiance en vous !

C'est en observant votre bébé que vous comprendrez mieux chaque jour ce qu'il vous demande. Savoir s'il a faim ou sommeil, s'il a froid ou chaud, s'il a mal au ventre ou veut simplement un câlin… Quand bébé pleure, rappelez-vous que c'est la seule manière qu'il a de communiquer avec vous !

Les bons réflexes à l'heure du dodo

Bébé a du mal à s'endormir : il a besoin de ses petits rituels qui le rassurent et l'aident à quitter maman et papa pour plusieurs heures, ce qui n'est pas évident. Soyez alors assez souple mais ferme, c'est-à-dire donnez-lui des repères qui vont l'aider à se sentir sécurisé et à s'apaiser.

Pensez à créer un environnement propice au sommeil : une chambre claire, des couleurs pastel, une lumière douce, une température comprise entre 18 et 20 degrés.

Couchez votre enfant sur le côté ou sur le dos pendant sa première année. Évitez d'entasser les peluches dans sa chambre. Quelques-unes sont bien sûr autorisées, mais sans exagération : n'oubliez pas que les acariens les adorent, eux aussi !

Son lit ne doit pas être trop grand : bébé se sentira davantage en sécurité si son corps est en contact avec les bords du lit ; il retrouve ainsi la douceur du cocon utérin.

Vous vous levez régulièrement pour aller veiller sur bébé dans sa chambre ? Pensez à utiliser une petite lampe de poche. La nuit, elle vous permettra de le surveiller sans le réveiller…

Et si vous avez peur de ne pas entendre votre p'tit bout pleurer la nuit, pensez aux appareils de surveillance pour écouter bébé.

Lorsque bébé s'agite et semble avoir mal au ventre, c'est qu'il souffre probablement de coliques. Jusqu'à 3 mois, son système digestif est encore très fragile et pas complètement formé. Mais pas de panique, vous êtes là et allez remédier à tout cela, avec douceur et efficacité :

Commencez par lui **masser le ventre dans le sens des aiguilles d'une montre** et tenez-le à plat ventre sur votre bras. Tout en étant bercé, votre bout d'chou sera bientôt calmé.

N'oubliez pas de **demander conseil à votre pédiatre si cette gêne persiste**.

Si votre enfant est nourri au biberon, il est possible parfois qu'il faille changer de lait.

Si votre bébé a une tétine, cela peut le calmer, alors n'hésitez pas. Les idées les plus simples sont souvent les plus efficaces.

Dans les premiers mois, **votre bébé ne fait pas encore la différence entre le jour et la nuit**. Il a besoin de temps pour se caler et se repérer dans le rythme des journées. Ne pas fermer les volets la journée, ne pas allumer une lumière trop vive la nuit, l'habituer à voir concrètement les différences jour-nuit l'aideront à se repérer.

Fiez-vous à votre intuition pour comprendre ce qui peut troubler le sommeil de bébé.

Ne réveillez pas bébé pour le nourrir, sauf avis médical contraire pour les prématurés ou bébés de petit poids : un bébé ne se laisse pas mourir de faim, il se réveillera le moment venu.

Ne donnez jamais de sirop à votre bébé pour dormir, compte tenu des risques encourus.

Mes adresses utiles

Centres de PMI :
Contactez votre mairie qui vous communiquera les coordonnées du centre le plus proche.
Centre de Protection Maternelle et Infantile à Paris
Tél. : 01 43 47 73 57

Caisse nationale d'allocations familiales :
www.caf.fr

Assurance maladie en ligne :
www.ameli.fr

Drogues Alcool Tabac Info Service :
Tél. : 113 (prix d'un appel local)
www.drogues.gouv.fr

Bien-être et préparation à la naissance :
Haptonomie
www.haptonomie.com
Chant prénatal
Tél. : 01 55 48 07 32
www.chantprenatal.com
Préparation en piscine
FAAEL Tél. : 03 81 49 18 67
www.fael.asso.fr

Informations sur la grossesse :
Périnatalité Info
www.perinatalite.info

Allaitement :
La Leche league
Tél. : 01 39 58 45 84
www.lllfrance.org

Information et soutien pour l'allaitement maternel :
www.allaitement-informations.org
Informations, dossiers et soutien à l'allaitement maternel et ateliers sur le portage

Massage pour bébé :
Association française de massage pour bébé
Tél. : 05 56 59 33 24
www.massage-bebe.asso.fr

Bébés prématurés : SOS Prema
Tél. : 01 55 61 91 20
www.sosprema.com
info@sosprema.com
Lieu d'échange pour parents

Familles monoparentales :
Association française des Solos
www.asso-des-solos.fr
Fédération syndicale des familles monoparentales
Tél. : 01 44 89 86 80
www.csfriquet.org

Soutien et aide pendant la grossesse :
Mouvement français pour le planning familial
Tél. : 01 45 84 28 25
www.planning-familial.org

SOS bébé :
Aide aux futures mamans en difficulté, grossesse malvenue ou difficile, aides et droits grossesse, fausse couche...
Tél. : 01 42 47 08 67
www.sosbebe.org

Grossesse secours :
Tél. : 01 45 84 55 91
www.grossesse-secours.org

Naissances multiples :
Fédération Jumeaux et Plus
Tél : 01 44 53 06 03
www.jumeaux-et-plus.fr

Sages-femmes :
Conseil national de l'ordre des sages-femmes
Tél : 01 45 51 82 50
www.ordre-sages-femmes.fr

Procréation médicalement assistée : Fiv France
www.fivfrance.com

Accueil Naissance :
www.accueilnaissance.fr
Activités et ateliers autour de la naissance et de la petite enfance

Garde d'enfants :
SOS Urgences Mamans
56, rue de Passy 75016 Paris
Tél. : 01 46 47 89 98

www.bebe-annonce.com

Protection de l'enfance :
Allo Enfance maltraitée : 119
www.allo119.gouv.fr